基金项目：太原科技大学博士启动基金

互联网环境下版权许可制度研究

赵 锐／著

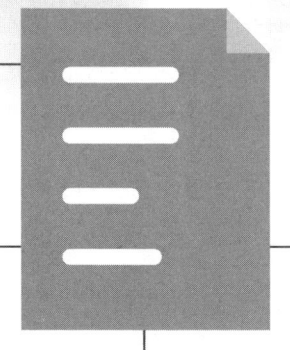

知识产权出版社
全国百佳图书出版单位
—北京—

图书在版编目（CIP）数据

互联网环境下版权许可制度研究/赵锐著. — 北京：知识产权出版社，2021.10
ISBN 978-7-5130-7787-3

Ⅰ.①互… Ⅱ.①赵… Ⅲ.①版权—保护—研究 Ⅳ.①D913.04

中国版本图书馆 CIP 数据核字（2021）第 208862 号

内容提要

本书通过探讨版权许可制度的理论基础、互联网环境下版权许可制度面临的困境，从不同角度对互联网环境下版权许可模式进行了反思，提出版权许可制度应当以私权自治为基础、以实现版权人利益和促进作品利用为目标、以因应互联网传播技术的发展为主线进行制度变革和创新，并对我国互联网环境下版权许可制度的完善提出了建议。

责任编辑：王祝兰		责任校对：谷 洋	
封面设计：杨杨工作室·张 冀		责任印制：刘译文	

互联网环境下版权许可制度研究
赵 锐 著

出版发行：知识产权出版社有限责任公司	网　址：http://www.ipph.cn
社　址：北京市海淀区气象路 50 号院	邮　编：100081
责编电话：010-82000860 转 8555	责编邮箱：wzl_ipph@163.com
发行电话：010-82000860 转 8101/8102	发行传真：010-82000893/82005070/82000270
印　刷：天津嘉恒印务有限公司	经　销：各大网上书店、新华书店及相关专业书店
开　本：720mm×1000mm　1/16	印　张：12.5
版　次：2021 年 10 月第 1 版	印　次：2021 年 10 月第 1 次印刷
字　数：200 千字	定　价：68.00 元
ISBN 978-7-5130-7787-3	

出版权专有　侵权必究
如有印装质量问题，本社负责调换。

前　言

传播技术的发展和产业利益的博弈是版权法变革与创新的驱动力。互联网传播技术的普及与盛行冲击着版权法律关系，也引发了版权产业与互联网产业利益诉求的分歧。作为版权主体与作品使用人之间的桥梁，版权许可承载着促进文化信息有效利用和保障版权主体合法权益的双重功能。互联网传播技术的发展同样导致既有的版权许可模式出现了失灵和困境。鉴于此，有必要对我国既有的版权许可制度进行追本溯源和利弊考量，以因应互联网传播技术的发展，纾解、协调版权人、使用者及社会公众的利益诉求。

版权许可是作者或其他权利人（版权主体）基于自身意愿或法定事由，将自己享有的版权在一定期限内交由他人行使，并由此获得相应报酬的一种版权交易形式。总体而言，按照是否需要经作者同意或授权的标准，版权许可分为自愿许可（授权许可）和非自愿许可两大基本类型。自愿许可包括版权人自行许可和由版权集体管理组织进行的集中许可，非自愿许可则包括强制许可、法定许可。作为一种无形财产的有效利用方式，版权许可是版权人行使权利的重要方式，也是社会公众利用作品的合法路径，更是繁荣文化市场的必要环节。保障作者权益的实现和促进作品传播效率的提高是版权许可制度的价值所在。因此，版权许可规则的变革与创新应以实现版权人利益和促进作品传播效率为最终归宿。

互联网传播技术的盛行导致了版权主体的分散化、版权客体保护标准的复杂化以及版权私力救济的普遍化和常态化。与此同时，既有的版权许可模式也出现了诸多困境：版权产业和互联网产业在许可收益和传播效率上的利益分歧，致使如何协调、纾解版权产业与互联网产业在制度需求方面的矛盾已成为版权许可制度变革与创新过程中不可回避的问题；数字与网络技术催生的海量作品导致传统版权许可机制已经无法适应大量许可的现实需要；互联网技术的应用加剧了孤儿作品的版权利用困境。

不可否认，既有的版权许可模式或在权益保障方面，或在传播效率方面表现出其制度优势，但其在摆脱互联网环境下的版权许可困境方面也存在着明显的局限性。版权主体自行进行的版权许可奉行私权自治理念，但无法解决海量作品的授权困境。通过版权集体管理组织的集中许可虽能在一定程度上提高许可效率，然而，我国版权集体管理组织的官方主导色彩和法定垄断性导致版权许可市场价格机制缺失和治理模式失效。在互联网环境下，法定许可有其明显的制度优势和现实需求，但我国法定许可制度的相关配套措施——付酬机制尚付阙如，致使权利人利益受损，遭到版权产业的批评和抵制。开放许可以"部分所有权保留"的模式，允许公众在一定范围内自由使用作品，顺应了传播技术的发展趋势，利用信息共享优势，促进了作品的有效利用与传播，并受到互联网产业的认可和青睐。但我国开放许可的制度激励不足和相关规范的缺失，导致这种优势难以真正发挥。默示许可在互联网环境下的制度优势明显——可以省却授权协商谈判的环节，解决网络环境中海量作品的授权使用的难题。但我国默示许可立法体例的混同化和适用空间的局限性导致其未能契合网络传播技术的发展趋势。

鉴于此，版权许可制度应当以私权自治为基础、以实现版权人利益和促进作品利用为目标、以因应互联网传播技术的发展为主线进行制度变革和创新。版权集体管理组织制度应当回归市场机制，允许网络服务商参与集体管理与集中许可，并强化数字化集体管理的制度支撑；健全法定许可的付酬机制；为契合网络传播技术的发展和互联网产业的诉求，应将开放许可纳入版权法框架，对其进行制度激励，以发挥开放许可的制度优势；同时，立法有必要将默示许可的适用范围向网络空间拓展。最后，法定许可付酬机制的缺失屡屡遭到产业界的诟病，版权法应当直面这一问题，设计具体的付酬规则，未来版权立法应从报酬标准的确定和集体管理组织在转付过程中的强化等关键点上予以突破。

英文缩写一览表

ASCAP   American Society of Composers, Authors and Publishers（美国作曲家、作家与出版者协会）

BTAP   Beijing Treaty on Audiovisual Performances（《视听表演北京条约》）

DMCA   Digital Millennium Copyright Act（《数字千年版权法》）

PCT   Patent Cooperation Treaty（《专利合作条约》）

P2P   peer-to-peer（点对点）

SACEM   Society of Authors, Composers and Publishers of Music（法国音乐作者、作曲者和出版者协会）

TPP   Trans-Pacific Partnership Agreement（《跨太平洋伙伴关系协定》）

TRIPS   Agreement on Trade-Related Aspects of Intellectual Property Rights（《与贸易有关的知识产权协定》）

WCT   World Intellectual Property Organization Copyright Treaty（《世界知识产权组织版权公约》）

WIPO   World Intellectual Property Organization（世界知识产权组织）

WPPT   World Intellectual Property Organization Performances and Phonograms Treaty（《世界知识产权组织表演和录音制品条约》）

目 录

第1章 绪 论 ·· 1
1.1 研究意义与背景 ··· 1
1.2 研究现状与分析 ··· 4
1.3 研究思路与方法 ··· 6
1.4 主要创新与不足 ··· 9

第2章 技术变迁与产业推进：版权许可制度的理论基础 ············· 12
2.1 传播技术、产业利益与版权制度的内在机理 ······················· 12
2.1.1 传播技术的发展与版权制度的变革 ······························ 13
2.1.2 产业利益的分歧与版权制度的变革 ······························ 17
2.1.3 因应技术发展 保持利益平衡 ······································ 20
2.2 版权许可的基本范畴与价值定位 ··· 22
2.2.1 版权许可的基本范畴 ·· 23
2.2.2 版权许可的价值定位 ·· 32
2.3 版权许可模式的历史演进 ··· 43
2.3.1 印刷时代的版权许可模式 ·· 43
2.3.2 模拟复制时代的版权许可模式 ······································ 44
2.3.3 互联网时代的版权许可模式 ·· 46
2.4 《著作权法》第三次修改内容的亮点与解读 ······················· 49
2.4.1 创新作品概念 开放保护范围 ·· 51

2.4.2　调整权利内容　满足产业诉求 ·················· 58
　　2.4.3　优化权利限制　顺应公益需求 ·················· 61
　　2.4.4　重构权利归属　激励文艺创新 ·················· 63
　　2.4.5　重塑赔偿规则　强化权利保护 ·················· 66
2.5　欧盟《数字单一市场版权指令》中的版权许可规则 ············ 67
　　2.5.1　扩张权利限制与例外的适用范围 ················· 69
　　2.5.2　强化网络服务商的审查义务 ··················· 70
　　2.5.3　改善授权许可实践 ······················· 71

第3章　利益分歧与交易成本：互联网环境下版权许可制度的困境 ··· 73
3.1　冲突与矛盾：互联网的共享性与版权的专有性 ············· 73
　　3.1.1　开放、交互与共享：互联网的精髓 ················ 74
　　3.1.2　版权的基本特质 ························ 76
　　3.1.3　版权法的困境 ························· 78
3.2　互联网传播技术对版权法律关系的影响与冲击 ············· 81
　　3.2.1　版权主体的分散化和身份认定的复杂化 ·············· 81
　　3.2.2　版权客体保护标准的复杂化 ··················· 83
　　3.2.3　版权私力救济的普遍化和常态化 ················· 85
3.3　产业利益分歧与版权许可制度的困境 ·················· 87
　　3.3.1　版权产业与互联网产业 ····················· 87
　　3.3.2　许可收益与传播效率：版权产业与互联网产业的
　　　　　利益分歧 ···························· 89
3.4　数字技术、海量作品与版权许可的困境 ················· 95
　　3.4.1　数字技术与海量作品的涌现 ··················· 95
　　3.4.2　互联网环境下海量作品的利用与版权许可的困境 ·········· 96
3.5　孤儿作品与版权许可的困境 ······················ 101
　　3.5.1　孤儿作品的基本范畴 ······················ 101
　　3.5.2　"Google案"中孤儿作品利用模式的审视 ············· 103

第4章 制度评价与利弊考量：互联网环境下版权许可模式的反思 ······ 105

4.1 私权自治与市场垄断：自愿许可 ······ 106
4.1.1 自愿许可的基本类型及其属性 ······ 106
4.1.2 互联网环境下自愿许可的特殊形式：默示许可 ······ 108
4.1.3 版权集体管理组织许可的评价与反思 ······ 113

4.2 传播效率与制度瓶颈：非自愿许可 ······ 122
4.2.1 法定许可的社会功能和制度瓶颈 ······ 123
4.2.2 接纳或拒绝：强制许可在我国的适用性 ······ 127

4.3 信息共享与激励不足：开放许可 ······ 131
4.3.1 开放许可的缘起与内容 ······ 131
4.3.2 开放许可的制度优势与发展瓶颈 ······ 136

第5章 私人自治与法定安排：互联网环境下我国版权许可制度的完善 ······ 139

5.1 基本宗旨与应然方向 ······ 139
5.1.1 平衡许可收益与传播效率 ······ 140
5.1.2 顺应互联网传播技术和制度构建市场化的发展潮流 ······ 142
5.1.3 重视市场与行业的自生规则与秩序 ······ 143

5.2 私人自治理念下版权集体管理组织许可的变革 ······ 145
5.2.1 互联网时代版权集体管理制度面临的挑战及其适用空间 ······ 145
5.2.2 回归市场机制：网络服务商参与集体管理的未来愿景 ······ 148
5.2.3 应时所需：集体管理数字化建设的制度支撑 ······ 152
5.2.4 理性对待：延伸性集体管理宜缓行 ······ 155

5.3 开放许可的制度激励与法律规制 ······ 159
5.3.1 制度激励：利用公共政策引导和推动开放许可的实施 ······ 160
5.3.2 法律规制：完善开放许可协议的效力规则与救济机制 ······ 162

5.4 默示许可的制度反思与法律构造……………………………… 165
　　5.4.1 制度反思：默示许可立法的混同化与滞后性……………… 165
　　5.4.2 法律构造：网络环境中默示许可制度的立法完善………… 168
5.5 法定许可付酬机制的细化与完善………………………………… 171
　　5.5.1 制度评述：法定许可付酬机制的愿景……………………… 172
　　5.5.2 完善建议：法定许可付酬机制完善的具体路径…………… 175

结　语……………………………………………………………………… 178

参考文献…………………………………………………………………… 181

第1章 绪 论

1.1 研究意义与背景

版权法[1]的制度核心是作者对其创作的作品享有的各类专有性和排他性权利。就作者而言，如果单纯考量版权法赋予的各类专有性、排他性权利，则仅仅具有象征意义，真正具有实质意义的是作者可以通过各类权利获得相应的经济回报和社会认可。而版权许可和版权转让则是作者实现经济利益的途径和渠道。申言之，版权许可规则及其运行机制是作者与作品使用者之间的"权利桥梁"。从社会经济角度而言，促进作品的有效传播和利用进而保证作品版权人、传播者和使用者之间的利益平衡理应是版权制度的价值追求和立法宗旨。而有效、便捷的版权许可规则和机制是实现作者创作回报和作品传播的重要路径。

在前网络时代，版权立法是依据作品的利用方式进行版权财产权利的设定，同时，有限的作品数量、职业化的创作群体和简单的作品利用方式使得传统的授权许可模式可以满足作品的市场化使用需求，版权许可规则及其运行机制在立法上并无太大争议。然而，伴随着互联网技术的发展和

---

[1] 版权，即著作权。本书中在不同语境下两种称谓均有使用，未作统一。

普及，作品类型不断拓展，创作主体不断涌现，作品利用方式呈现多样化趋势，版权交易无论在频率还是数量上都远远超过以往。毋庸讳言，传统"一对一"授权模式和"先授权后使用"版权许可机制已经无法适应互联网时代海量作品的市场交易需求。事实上，版权许可也由简单的许可合同变为复杂的授权机制。在互联网环境下，版权交易成本的控制应当成为版权立法着重考量的问题和因素。换言之，版权制度设计的不合理将会推高版权的交易成本；如此一来，作品的交易流转将会消耗作品的市场价值，进而导致版权交易市场的失灵。正如美国版权局的一份修法报告所言："既有许可机制的效率远低于网络传播技术的发展水平，是消费者选择盗版的重要原因。"❶ 如何为适应互联网环境下版权产业利益诉求而变革既有的版权许可机制，实现版权主体❷利益与作品传播效率的平衡，已成为版权制度亟待解决的立法难题。

在《中华人民共和国著作权法》（以下简称《著作权法》）实施与修改过程中，版权许可制度和规则屡屡被理论界和实务界诟病和质疑，导致立法上出现多次反复和踯躅。这一点在音乐作品的法定许可方面表现得尤为突出。2012年3月，国家版权局公布了《中华人民共和国著作权法（修改草案）》[以下简称"2012年《著作权法（修改草案）》"]，其中的法定许可条款遭到音乐产业界的不满和强烈抵制。音乐产业界对"制作录音制品法定许可"❸ 的质疑，实质上是对我国法定许可及其付酬机制缺乏的集中批判。最终导致2012年6月公布的《中华人民共和国著作权法（修改草案第二稿）》[以下简称"2012年《著作权法（修改草案第二稿）》"]

---

❶ 参见：US. Copyright Office，Section 115 Reform Act（SIRA）of 2006，Committee on the Judiciary United State House of Represnentatives 109th 2nd Session（May 16 2006）.

❷ 版权主体，又称版权人或版权权利人，是指依法对作品享有版权的自然人、法人和其他组织。本书中如无特别说明，版权主体与版权人的指代范畴相同。

❸ 2012年《著作权法（修改草案）》第46条规定："录音制品首次出版3个月后，其他录音制作者可以依照本法第四十八条规定的条件，不经著作权人许可，使用其音乐作品制作录音制品。"

完全删除了制作录音制品的法定许可内容。❶ 2020 年 11 月 11 日第十三届全国人民代表大会常务委员会第二十三次会议通过的《关于修改〈中华人民共和国著作权法〉的决定》对于音乐作品的法定许可实际上未作出任何修改，仍然沿用了 2010 年《著作权法》❷ 的许可规则。❸

同样，报刊转载法定许可的适用范围也在立法中出现过反复和摇摆。关于报刊转载是否能够适用于网络环境，最高人民法院在不同时期的司法解释中曾作出过截然相反的规定，但最终未能在立法上得到确认。❹

面对互联网时代带来的版权许可困境，版权许可规则及其运行机制既需要制度变革，也面临授权机制的拓展。言其变革，乃是因为以版权集体管理制度为代表的集中许可机制需要扩张其适用范围，同时，取消集体管理组织设立上的行政许可主义，承认同一领域内存在多个集体管理组织，并允许私立集体管理组织加入。通过促进多个主体之间形成竞争，提高许可效率和发挥市场机制的作用。言其拓展，乃是因为"一对一"授权模式和"先授权后使用"版权许可机制已经无法适应互联网时代海量作品的市场交易需求。而版权交易主体自发创制的开放许可、默示许可等授权机制，在实践中普遍存在。版权立法应当直面新型的授权机制，承认并有效规制上述授权规则。

---

❶ 参见《关于〈著作权法〉（修改草案第二稿）修改和完善的简要说明》（国家版权局，2012 年 7 月），其中规定："……（十）关于著作权'法定许可'制度　本次修改对著作权法定许可制度进行了以下调整：(1) 根据权利人、相关著作权集体管理组织以及相关机构的意见，将著作权'法定许可'进一步限缩为教材法定许可和报刊转载法定许可两种情形，取消原草案第四十六条关于录音制作法定许可、第四十七条关于广播电台电视台播放法定许可的规定，将其恢复为作者的专有权……"

❷ 本书中如无特别说明，《著作权法》指现行《著作权法》，即 2020 年 11 月 11 日通过修改的《中华人民共和国著作权法》，涉及不同版本时，前面冠以修改年份加以区分，例如 2010 年《著作权法》等。

❸ 《著作权法》第 42 条规定："录音录像制作者使用他人作品制作录音录像制品，应当取得著作权人许可，并支付报酬。录音制作者使用他人已经合法录制为录音制品的音乐作品制作录音制品，可以不经著作权人许可，但应当按照规定支付报酬；著作权人声明不许使用的不得使用。"

❹ 2002 年发布的《最高人民法院关于审理著作权民事纠纷案件适用法律若干问题的解释》明文禁止法定许可在网络环境下的适用。该司法解释第 17 条中规定："著作权法第三十二条第二款规定的转载，是指报纸、期刊登载其他报刊已发表作品的行为。"2003 年首次修正的《最高人民法院关于审理涉及计算机网络著作权纠纷案件适用法律若干问题的解释》第 3 条肯定了网络环境下的报刊转载法定许可，但 2006 年第二次修正该司法解释时又删去了该条。

1.2 研究现状与分析

尽管版权许可制度的变革与创新并非版权法中的全新议题，但研判契合互联网市场交易环境中的版权许可制度则在理论界起步不久。事实上，法定许可的适用范围、强制许可的借鉴与引入、授权许可合同的效力与履行等课题已经有相对系统的论述。但回顾已有文献不难发现，单一许可制度分析多于版权许可整体性研究，传统版权许可制度的改革研究多于网络环境版权许可机制的创新研究，制度对策性研究多于理论构造型论证。

（1）在研究对象方面，无论国外还是国内研究多集中于某一种版权许可，单一性的制度分析研究较为常见。例如，从权利限制角度研究法定许可制度，提出并论证法定许可的完善建议，认为法定许可的作用在于维护版权利益的平衡机制和促进衍生作品的创作，而完善法定许可制度的关键在于付酬制度的落实和法律责任追究制度的调整。[1] 也有学者从版权公共政策角度研究默示许可制度，认为数字环境的默示许可应当着重考虑公共利益因素，并提出默示许可不仅是特殊的授权许可制度，更是权利限制制度。[2] 集中许可是版权集体管理组织运作的基本形式。现有版权集体管理制度的弊端饱受学界诟病，其中代表性的观点是，版权集体管理组织制度的改革应当回归市场机制，实现竞争性和营利性。[3] 需要说明的是，美国学者德雷特勒（Jay Dratler, Jr.）在《知识产权许可》一书中，以整体意义上知识产权许可作为研究对象，而事实上该书以知识产权许可与商业利益的关系为出发点，分析了非自愿许可、独占许可制度，并对两种许可的

---

[1] 张曼. 著作权法定许可制度研究［M］. 厦门：厦门大学出版社，2013：3.
[2] AFORI O. Implied License: An Emerging New Standard in Copyright Law［J］. Santa Clara Computer & High Technology Law Journal，2008，25（2）：275 - 326.
[3] 吴伟光. 著作权法研究：国际条约、中国立法与司法实践［M］. 北京：清华大学出版社，2013：504 - 552.

反垄断法规制进行了论述，但整体偏重于专利许可制度。❶ 总体而言，现有研究成果对法定许可、强制许可、集中许可等单一性许可研究较多，但着力点较为分散，且版权许可的制度基础、许可价值等整体性理论的阐述尚待深入。因此，凝练各类版权许可的共同基础理论和立法价值尤为必要。

（2）在研究视角方面，关于传统版权许可的研究成果颇为丰富，而互联网环境下的版权许可制度的理论创新与制度变革则有待深入。事实上，作为版权交易的重要形式，无论从合同法角度，抑或从版权法立场，版权许可历来都是研究的重点，特别是法定许可和强制许可作为版权限制制度的重要形态，从公共利益视角研究的研究成果也不乏其数。有学者提出了法定许可的变革思路与对策。例如，提出法定许可在定价机制上存在缺陷，宜建构符合市场需求的集中许可机制。❷ 同时，也有学者着重探讨法定许可的正当性基础，认为利益平衡、促进文化繁荣和增进衍生作品的创作是法定许可的制度基础。❸ 此外，需要明确的是，国内也有学者从整体意义上研究版权许可，且涉及了版权制度对数字与网络技术的回应，然而受技术背景的局限，其并未将版权许可完全置于互联网环境下探讨。❹

（3）在研究内容方面，现有研究成果一般集中于各类版权许可的制度对策和立法建议，系统性理论阐述尚有待深入。理论界对于版权授权许可合同性质、效力，版权许可模式的选择，强制许可在我国的可行性问题以及集中许可机制的完善均有论证。例如，有学者认为，我国应当引入版权强制许可制度，并从知识产权执法方面规范行政机关的自由裁量权，建立有效的救济机制。❺ 关于互联网环境下版权许可模式的变革，有观点认为，版权集体管理是版权许可的基本途径，应完善集体管理制度以契合互联网

---

❶ 德雷特勒. 知识产权许可：上；知识产权许可：下 [M]. 王春燕，等译. 北京：清华大学出版社，2003.
❷ 熊琦. 著作权法定许可的误读与解读：兼评《著作权法》第三次修改草案第46条 [J]. 电子知识产权，2012（4）：25-28；熊琦. 著作权法定许可的正当性解构与制度替代 [J]. 知识产权，2011（6）：38-42.
❸ 张曼. 论著作权法定许可的正当性基础 [J]. 知识产权，2013（1）：48-53.
❹ 杨红军. 版权许可制度论 [M]. 北京：知识产权出版社，2013：5-7.
❺ 高兰英. 国际视野下的著作权强制许可制度探析 [J]. 知识产权，2012（3）：86-91.

环境，同时培育多元许可途径。[1] 此外，互联网传播技术的扩张，使数字图书馆和孤儿作品的版权利用问题逐渐成为学界的研究重点。有观点认为，现有版权规则无法根本解决互联网环境下的孤儿作品问题，可以借鉴民法中的地役权制度，改革现有版权许可规则。[2] 然而，深入研判版权许可的理论基础，特别是剖析市场交易环境、产业利益博弈与版权许可的内在机理和发展脉络等课题有待继续深入。

1.3 研究思路与方法

本书的研究思路是，以互联网传播技术对版权制度带来的挑战与机遇为切入点，分析版权许可制度在互联网环境下的失灵与困境，研判集中许可、授权许可、法定许可等版权许可方式的利弊，进而提出并论证契合网络环境并能最终实现版权制度价值的版权许可制度的变革与创新路径。本书研究的关键之处在于，在发现、诠释互联网环境下版权许可失灵与困境的基础上，论证现有版权许可制度之利弊。事实上，"法之理在法外"，制度失灵背后的深层原因在于产业利益博弈和商业模式分歧。因此，只有重新发现版权产业和互联网产业利益诉求和商业模式的差异，才能使版权许可机制的构建更符合数字环境中版权市场各方主体的利益诉求，进而实现版权人、传播者和使用者的利益平衡，最终真正发挥版权制度的激励功能。

研判版权许可制度在互联网环境下的适用问题离不开对版权主体、互联网产业主体及使用者的利益诉求考量，离不开对产业利益关系与版权法

---

[1] 李永明，钱炬雷. 我国网络环境下著作权许可模式研究［J］. 浙江大学学报（人文社会科学版），2008（6）：93-102.

[2] POMERANTZ A L. Obtaining Copyright Licenses by Prescriptive Easement：A Solution to the Orphan Works Problem［J］. Jurimetrics Journal，2010，50（2）：195-227.

律关系的深度剖析。鉴于此，法经济学的研究方法不但可行而且必需。同时，从版权制度发展历史来看，每一次传播方式的变革都会给版权制度和产业利益格局带来诸多影响，互联网技术的普及使得作品传播由模拟时代全面迈入数字时代。从传播技术与版权制度的历史演进视角而言，采用历史考察法，探究版权许可制度的变迁规律，是提出并论证互联网环境下版权许可机制法律构造的理论基础和逻辑起点。比较分析法作为社会科学的普适性研究方法，对于研判各类版权许可制度的利弊自然大有裨益。

1. 历史考察法

作品传播技术经历了印刷时代、模拟时代，并正在经历着数字时代。梳理传播技术与版权制度的历史演进，是分析互联网环境下版权许可机制和商业模式的历史起点和逻辑前提。运用历史考察法将有助于发现传播技术与版权许可制度发展的内在规律，更有助于探究商业模式的变迁所引发的版权许可制度变革的经济诱因。事实上，历史考察法是厘清版权制度发展轨迹、阐明当下版权许可制度困境并预见和研判其未来发展趋势的重要路径。在运用历史考察法进行分析的过程中，本书将重点研究何种产业利益和经济动因对版权许可制度的功能发挥提出了挑战、商业模式的变迁又是如何造成现有版权许可机制的失灵等问题。

2. 法经济学分析方法

法经济学是运用经济学中的价格理论、博弈论、市场失灵理论等实证或规范方法考察、研究法律制度的结构、效果及未来发展趋势的社会科学。[1] 换言之，法经济学是将经济学的各种理论和分析工具在法学研究中的运用。其运用"经济人假设""价格理论""公共选择"等理论工具理性分析法律主体的行为模式和法律制度的利弊优劣，使得法学研究更加客观、科学和理性。正如美国学者罗伯特·考特所言："一般地，我们说经济学提供了一个行为理论以预测人们如何对法律的变化作出反应，这一理

---

[1] 波斯纳. 法律的经济分析：第七版[M]. 2版. 蒋兆康，译. 北京：法律出版社，2012：55.

论胜过于直觉，正如科学胜过于常识。"❶ 具体到版权法，法经济学分析方法也逐渐成为各种版权制度的解释路径与论证方法。形成这一局面的根本原因在于，由于文化产品市场的繁荣，版权制度促使经济增长的功能日益突出，而版权制度的调整、变革、发展在很大程度上是对版权产业主体利益诉求和博弈的制度反映。最明显的例子莫过于"经济人假设"在版权扩张趋势中的适用。版权产业利益诉求是版权制度变革的经济动因，对每一次新型传播主体的出现和传播技术的革新，权利人无一例外地基于商业利益的考虑，主张将传播技术带来的价值纳入版权保护的范畴，以专有性和排他性权利支配该利益。

3. 比较分析法

作为法学研究领域的普适性研究方法——比较分析法，其在版权法领域的作用同样不可替代。我国版权制度在很大程度上同样面临国外版权制度历史演进中遇到的各类问题。求证国外版权许可的立法经验是否可资我国借鉴，是解决关键问题必不可少的工作。例如，美国互联网传播技术的全面普及，曾一度造成传统版权业的萎缩，特别是以发行唱片为主要盈利模式的传统音乐版权产业在互联网技术的冲击下不断萎缩。P2P（peer-to-peer）技术的广泛应用使得所有人都可以成为音乐作品（和音像制品）的传播者，依赖控制唱片复制与发行的传统出版业的地位岌岌可危。在现阶段，我国的版权产业主体同样面临来自互联网产业的挑战，如何实现版权主体与传播主体的利益平衡，怎样发挥版权激励机制的有效功能，是我国版权许可制度变革无法回避的问题。利用比较分析法梳理、论证版权许可制度的革新，离不开对国外已有历史进程和立法经验的反思与借鉴。

---

❶ 考特，尤伦. 法和经济学：第六版 [M]. 史晋川，董雪兵，等译. 上海：格致出版社，2012：3.

1.4 主要创新与不足

相较于以往的研究成果，本书以产业利益博弈和商业竞争模式为视角，力求在如下几方面有所突破和创新。

（1）以产业利益博弈的视角，考察版权许可的制度变革。在互联网环境下，版权主体依然试图借助版权法继续沿用既有"许可—使用"的商业模式对作品的传播和利用进行控制，并追求许可收益的最大化。而互联网产业主体则希望最大限度地发挥其技术优势进而实现作品传播与利用的高效率和低成本。事实上，版权主体和互联网产业主体的利益诉求分歧主要表现在：①版权产业希冀控制作品的利用与传播，互联网产业更希望降低甚至消弭传播障碍，实现更高的传播效率；②版权产业追求许可收益的最大化，互联网产业则追求传播的速度与范围；③二者的商业盈利模式不同，互联网产业在延迟收益的商业模式下，实现"交叉补贴"和"第三方支付"。版权主体与互联网产业主体的利益诉求分歧使得版权许可制度常常陷入立法僵局。不同于立法的踟蹰与反复，版权主体创设了对作品使用者加以限制的许可模式❶，而互联网产业主体在"延迟收益"的商业模式下创设了放弃部分版权权利的许可模式。打破立法僵局需要认真考量版权主体和互联网产业主体所创设的各种许可模式的有效性和可行性。本书的论证正是基于上述产业利益博弈角度，在版权许可价值的基础上，分析互联网革命对版权法律关系的冲击和解构，研判产业利益博弈与版权许可制度困境的原因，进而论证互联网环境下版权许可制度变革的可行路径。

（2）从"版权激励论"维度，论证版权许可制度的应然价值——创作回报与知识传播。版权激励论是实用主义版权立法理念的系统体现，强调

---

❶ 例如拆封合同和点击合同。

以务实的制度设计和有效的权利配置来激励信息生产和传播。激励理论是经济学思维在版权制度中的运用与发展。本书试图运用法经济学方法，从激励理论视角对版权许可的制度进行价值定位。以往的版权许可研究文献，多从制度对策角度探讨法定许可、授权许可等许可机制的制度构建和对策应用，缺乏对整体意义上版权许可制度的价值分析。事实上，版权许可制度的价值定位至关重要，厘清其应然价值是变革和创新版权许可规则的前提和基础。本书力求从版权人、传播者、使用者和社会公众多元维度阐明版权许可的应然价值。

（3）论证授权许可、集中许可、法定许可和强制许可的共同制度规律和立法价值，从理论上阐明作为整体意义上的版权许可制度的历史演进规律和应然价值。以往的研究成果多为单独研究授权许可、法定许可或强制许可，侧重于对策性研究。然而，我们应当将版权许可视为版权市场中连接版权人、传播者和使用者的重要纽带和桥梁，将版权许可制度视为一个整体，研判其历史演进、理论基础和制度变革。

（4）在利弊比较分析的基础上，提出并论证集中许可制度的变革思路。一般而言，集中许可是指版权主体通过版权集体管理组织进行版权授权许可。从降低交易成本和保障权利人利益的角度而言，源自私人自治的版权集体管理组织既能符合版权市场的各方利益需求，又可以实现版权人的版权收益。在互联网环境下，我国版权集体管理组织需要适当扩张其适用范围，并将版权集体管理组织的设立准则由行政许可主义变革为准则主义，同时，鼓励服务提供商成立版权集体管理组织，以应对互联网环境下版权交易的市场需求。

毋庸讳言，本书在理论深度、对策分析等方面仍存在一些不足之处。

一是互联网传播技术对版权法律关系的影响除了书中所论及的三个方面[1]，还应当包括权利内容的融合化和整合化趋势。然而，由于理论储备

---

[1] 本书第4.1节阐明了互联网传播技术对版权法律关系的影响，包括版权主体的分散化和身份认定的复杂化、版权客体保护标准的复杂化以及版权私力救济的普遍化和常态化。

不足，笔者未能对版权内容的融合化趋势作整体分析和论证，因此此部分内容并未在本书中体现。这是一个遗憾，也是确实存在的不足。

二是在互联网环境下版权制度的变革与完善方面，相关论证仍不够深刻。特别是关于版权集体管理制度的完善思路仍然停留在理论论证和观点总结层面，缺乏实证材料和数据的支撑。

第 2 章　技术变迁与产业推进：
版权许可制度的理论基础

2.1　传播技术、产业利益与版权制度的内在机理

从世界上的第一部版权法《安娜法》❶的诞生，到全球范围内第一个多边版权国际条约《保护文学和艺术作品伯尔尼公约》（以下简称《伯尔尼公约》）的签订，再到为顺应数字网络技术而缔结的《世界知识产权组织版权条约》（WCT）和《世界知识产权组织表演和录音制品条约》（WPPT），传播技术的发展与版权制度的变革如影随形。相较于其他部门法律制度，版权法与技术的联系最为紧密。每一次传播技术的革新都会引起商业模式的变迁和产业利益的分化，进而给版权制度带来了诸多挑战。事实上，版权制度肇始于印刷技术广泛使用而引发的作者捍卫其经济利益的诉求，变革于新型传播技术发展而引发版权人、传播者和使用者利益的分化与冲突。因此，传播技术的发展和产业利益的博弈始终是版权制度变革的诱因和动力。"法之理在法外"，无论梳理版权交易制度的历史演进，

---

❶ 1709 年，英国议会通过了世界上第一部版权法，即《为鼓励知识创作而授予作者及购买者就其已印刷成册的图书在一定时期内之权利的法》，又称《安娜女王法》，简称《安娜法》。该法于 1710 年正式生效实施。

还是分析现有版权交易规则的优劣,抑或研判未来版权交易制度的发展趋势,都无法脱离对传播技术和产业利益的综合考量。

2.1.1 传播技术的发展与版权制度的变革

被称为"技术之子"的版权法❶,从其诞生之初就受到技术的决定性影响。在版权法发展的过程中,无论是版权保护范围的不断拓展,还是权利内容的不断丰富,抑或是侵权判定规则的变迁,无不与技术发展息息相关、如影随形。事实上,从印刷术的出现,到模拟复制技术的运用,再到网络技术的盛行,每一次传播技术的发展都给版权制度带来了诸多挑战。版权法也恰恰是在不断考量技术发展引发的利益失衡的过程中逐渐发展和变革的。

在印刷技术产生之前,复制文字作品的唯一途径是低效率地抄写,盗版的成本几乎与作者付出的劳动持平,故而不存在版权保护的利益诉求和社会基础。换言之,落后的复制技术和高昂的复制成本不可能催生权利人控制作品复制、传播的诉求。在"斫取青光写楚辞"的时代,也就不可能产生版权。随着印刷技术的不断改进和普及,复制成了一项简单而高效的工作,作品复制件的大量出现使得作者和出版商的版权保护诉求逐渐强烈。因此,印刷技术的发展和普及催生了版权保护制度的萌芽。被认为世界上第一部现代意义上的版权法——《安娜法》于1709年在英国诞生。该法赋予了作者复制其图书的控制权利,权利期限为14年。❷ 作者的版权法权利由此从出版商的权利中独立出来,奠定了现代版权法的基础。

随着20世纪初摄影和录音技术的诞生和发展,音乐、戏剧等表演者的

---

❶ 斯坦福大学保罗·戈斯汀(Paul Goldstein)教授提出了"版权是技术之子"的命题。在印刷术产生之前,并无版权保护的需要。但随着印刷术的普及,公众能够非常容易地接触到文字,进而使得复制变得简单而随意。此时,就需要一套法律机制,对作者、出版商和读者之间的关系进行调整。而这套机制就是版权法。参见:戈斯汀. 著作权之道:从古登堡到数字点播机 [M]. 金海军,译. 北京:北京大学出版社,2008:22.

❷ 谢尔曼,本特利. 现代知识产权法的演进:1760—1911英国的历程 [M]. 金海军,译. 北京:北京大学出版社,2006:11-12.

表演行为被摄影和录制下来。在现场观看演员的表演（演奏、歌唱）不再是公众获取音乐作品的唯一途径，公众可以通过购买唱片满足消费需求。传统的剧院式表演商业模式受到冲击，而唱片业兴起。无线电广播技术和电视广播技术的出现更进一步拓展了作品的传播途径。相较于通过印刷技术，公众更加青睐通过广播途径而获得的愉悦。广播电视组织成为音乐等作品最重要的传播者，其利用唱片制作各类节目向公众传播，同时，其他广播电视组织又将前者的节目进行转播。公众获取作品的范围和途径大大拓宽。但接踵而来的问题是，由于传播途径的多元化，表演者很难再仅仅通过剧院式表演获得相应经济回报；同时，由于复制成本的大幅降低，首次制作录音录像制品的主体也陷入了盈利困境。随着新型传播技术的深入发展和传播途径的不断拓宽，表演者的共同利益诉求——分享唱片业和广播电视业因录制、传播其表演而产生的利益——逐渐强烈。录音录像制作者和广播电视组织也希冀自己制作的录音录像制品和广播电视节目能够享有版权法上的权利，渴求自己投入大量资金制作的唱片和节目不被随意复制和传播。"新技术使版权领域出现了更多的应当受到保护的主体"❶。国际版权条约因应了技术变革引发的利益诉求。1961年10月26日，《保护表演者、录音制品制作者和广播组织罗马公约》（以下简称《罗马公约》）正式签订，规定了表演者、录音制作者和广播组织分别对其表演、录音制品和广播节目享有版权法意义上的支配权。至此，与作者权相平行的权利——邻接权（相关权）正式诞生。不仅创作作品的人享有版权，传播作品的主体也因其传播过程中的"再创作"享有邻接权。此外，传播技术的发展也促成了版权集中管理的组织和机制。由于传播技术的变革和传播途径的多元，作品使用者呈现分散化状态，版权人时常陷入个体维权的困境。鉴于此，1914年，美国的相关版权人成立了美国作曲家、作家和出版者协会（ASCAP）。ASCAP集中版权人的诉求，向涉及音乐表演的商业机构提起了一系列诉讼，迫使霍姆斯（Holmes）大法官认定餐厅和酒吧演奏

---

❶ 郑成思. 版权法：上 [M]. 北京：中国人民大学出版社，2009：17.

第2章 技术变迁与产业推进：版权许可制度的理论基础

音乐作品须向版权人付费。❶

在数字技术普及之前，作品主要依赖于有形载体进行传播，版权人主要通过控制作品载体的复制、销售而营利。数字技术的出现和互联网技术的普及使得传统的传播方式发生了翻天覆地的变化。由于数字技术的"保真度"（fidelity）、"便捷度"（facility）和"普遍度"（ubiquity）❷，作品的传播彻底从有形载体上"解放"出来，其传播速度和数量呈几何式增长。同时，公众对作品的利用实现了"从间接占有作品的复制件"到"直接体验作品内容"的转变。❸

互联网应用的盛行直接导致了私人复制风靡全球，普通民众不再受制于传统的占有作品发行渠道的商业机构，而版权人则无法对私人复制进行有效监督和维权。为防止私人复制的泛滥，版权人力图通过技术保护措施杜绝他人未经许可复制、传播其作品。从保护版权人利益角度而言，技术保护措施割裂了普通民众和作品之间的联系，确实起到了防止私人复制泛滥的效果。"因为技术可能是一种较之于监督和诉讼成本更低的保护内容的方式。这种效果在当侵权产生了正在发生的危害和扰乱合法市场参与者的活动时更为突出。"❹ 鉴于此，WCT 和 WPPT 顺应了版权人通过技术保护措施维护其版权利益的诉求，承认了技术保护措施的合法地位。❺ 然而，

---

❶ Herbert v. Shanley, 242 U. S. 591 (1917).

❷ 戈斯汀. 著作权之道：从古登堡到数字点播机 [M]. 金海军, 译. 北京：北京大学出版社, 2008：163.

❸ GINSHURG J C. From Having Copies to Experiencing Works：the Development of an Access Right in U. S. Copyright Law [J]. Journal of the Copyright Society of the USA, 2003, 50：113 – 121.

❹ 艾因霍恩. 媒体、技术和版权：经济与法律的融合 [M]. 赵启杉, 译. 北京：北京大学出版社, 2012：23.

❺ WCT 第 11 条规定了关于技术措施的义务："缔约各方应规定适当的法律保护和有效的法律补救办法，制止规避由作者为行使本条约或《伯尔尼公约》所规定的权利而使用的、对就其作品进行未经该有关作者许可或未由法律准许的行为加以约束的有效技术措施。"参见：世界知识产权组织版权条约（WCT）[EB/OL]. [2021 – 05 – 17]. https：//wipolex. wipo. int/zh/text/295438. WPPT 第 18 条规定了关于技术措施的义务："缔约各方应规定适当的法律保护和有效的法律补救办法，制止规避由表演者或录音制品制作者为行使本条约所规定的权利而使用的、对就其表演或录音制品进行未经有关表演者或录音制品制作者许可或未由法律准许的行为加以约束的有效技术措施。"参见：世界知识产权组织表演和录音制品条约（WPPT）[EB/OL]. [2021 – 05 – 17]. https：//wipolex. wipo. int/zh/text/295582.

技术保护措施也是一种极其危险的私力救济：如果其大规模运用，将会威胁到版权法中的公共利益，架空合理使用制度和法定许可制度，使得权利人与社会公众的平衡机制被打破。鉴于此，各国版权法赋予技术保护措施合法身份的同时，也规定了诸多例外和限制情形。美国《数字千年版权法》（DMCA）将两类情形作为技术保护措施的例外：一是法律执行、政府行为的例外；二是为维护公共利益的例外，包括非营利性图书馆、档案馆和教育机构善意规避技术措施等六种情形。❶

《著作权法》从三个方面设计了技术保护措施制度。一是明确规定了权利人可以采取技术保护措施保护其著作权。《著作权法》第49条中规定："为保护著作权和与著作权有关的权利，权利人可以采取技术措施。未经权利人许可，任何组织或者个人不得故意避开或者破坏技术措施，不得以避开或者破坏技术措施为目的制造、进口或者向公众提供有关装置或者部件，不得故意为他人避开或者破坏技术措施提供技术服务。但是，法律、行政法规规定可以避开的情形除外。"

二是规定了可以避开技术措施的情形，即技术保护措施的例外和限制。《著作权法》第50条规定："下列情形可以避开技术措施，但不得向他人提供避开技术措施的技术、装置或者部件，不得侵犯权利人依法享有的其他权利：（一）为学校课堂教学或者科学研究，提供少量已经发表的作品，供教学或者科研人员使用，而该作品无法通过正常途径获取；（二）不以营利为目的，以阅读障碍者能够感知的无障碍方式向其提供已经发表的作品，而该作品无法通过正常途径获取；（三）国家机关依照行政、监察、司法程序执行公务；（四）对计算机及其系统或者网络的安全性能进行测试；（五）进行加密研究或者计算机软件反向工程研究。前款规定适用于对与著作权有关的权利的限制。"

三是规定了避开或者破坏技术保护措施侵权行为的认定与法律责任。根据《著作权法》第52条、第53条的规定，未经著作权人或者与著作权

---

❶ DMCA, Section 1201.

有关的权利人许可，故意避开或者破坏技术措施的，故意制造、进口或者向他人提供主要用于避开、破坏技术措施的装置或者部件的，或者故意为他人避开或者破坏技术措施提供技术服务的，应当承担停止侵害、消除影响、赔礼道歉、赔偿损失等民事责任。侵权行为同时损害公共利益的，由主管著作权的部门责令停止侵权行为，予以警告，没收违法所得，没收、无害化销毁处理侵权复制品以及主要用于制作侵权复制品的材料、工具、设备等，违法经营额5万元以上的，可以并处违法经营额1倍以上5倍以下的罚款；没有违法经营额、违法经营额难以计算或者不足5万元的，可以并处25万元以下的罚款；构成犯罪的，依法追究刑事责任。

2.1.2 产业利益的分歧与版权制度的变革

版权法既是传播技术之法，更是产业利益之法。言其是传播技术之法，乃是因为传播技术的发展与版权制度的变革如影随形，传播途径的拓宽促成了版权主体和权利内容的多元化；言其是产业利益之法，乃是因为作品的创作者和传播者只有在版权市场中获得相应的经济回报，版权法的激励功能才能真正实现。鉴于此，每当传播技术的变革打破了传统的商业模式，并催生了崭新的市场之后，产业投资人、作品的创作者和传播者等不同的利益主体，都希冀从新市场中获利。然而，基于不同的产业形态和盈利模式，各方利益主体的利益分歧也在所难免。此时，版权法的主要任务就是通过权利配置，将新的利益诉求纳入权利体系中，并协调不同主体间的利益分歧。

在论及产业利益冲突与版权制度变革的关系时，一个明显的例证莫过于发生在美国的"索尼案"[1]。20世纪70年代末，日本索尼公司开发的一款Bebamax家庭录像机深受美国民众青睐。该录像机可以自动录制电视节目，也可以通过"暂停"和"快进"功能避免将电视节目中的广告录入设

---

[1] Universal City Studios, Inc. v. Sony Corporation of America, 480 F. Supp. 429 at 435–436（CD Cal. 1977）.

备。毋庸置疑，Bebamax家庭录像机的大范围运用，方便了普通民众欣赏影视作品，但也冲击了美国的电影和娱乐产业市场。1976年，美国环球电影公司和迪士尼制片公司对索尼公司提起诉讼。原告认为，消费者未经版权人许可复制其享有版权的电影作品，构成侵权；而索尼公司向消费者提供了侵权设备，引诱和帮助了消费者的侵权行为，构成帮助侵权（contributory infringement），应承担侵权责任。该案的焦点在于：第一，消费者在家庭中通过Bebamax录像机录制享有版权的电视节目，构成"合理使用"还是侵权行为？第二，索尼公司并非电视节目录制人，但其销售给消费者录像机，促成消费者的家庭录制行为，那么，索尼公司是否承担侵权责任？

案件的审理既是适用版权法理论和规则的过程，同时更是考量各方分歧和平衡各方利益的过程。事实上，"索尼案"的利益纷争是家庭复制设备普及的时代版权人试图与复制设备制造商分享商业利益的法律诉讼。"索尼案"的核心在于对"合理使用"的判断。案件审理过程中，少数派法官认为合理使用的目的在于创造新的价值和促进科技进步，并据此认为录制、欣赏电视节目并不能创造新的价值；而多数派法官认为能够创造新的价值并非"合理使用"的前提，在家庭中欣赏预先录制的电视节目构成合理使用。关于索尼公司是否构成帮助侵权问题，法院最终秉承技术中立原则，适用"实质性非侵权用途"标准，驳回了原告诉讼请求，否定了版权人限制录像技术的诉求。❶ 显然，当版权人诉求与技术发展趋势冲突时，法院顺应了技术发展的时代趋势。当然，"索尼案"所确立的版权规则并未给版权主体与传播设备制造商的利益冲突画上句号。1992年，美国通过了《家庭录音法案》。该法案要求数字录音设备的进口商、制造商及销售商按照设备销售价格的一定比例缴纳版税，同时也规定了音乐作品的发行

---

❶ Sony Corporation of America et al. v. Universal City Studios, Inc, . et al. 464 U. S. 417 at 442 (1984).

第2章 技术变迁与产业推进：版权许可制度的理论基础

商、词曲作者等权利主体对版税的分享比例。❶ 这样一来，虽然"索尼案"所确立的"实质性非侵权用途"标准豁免了录音设备制造商的版权侵权责任，但美国《家庭录音法案》的出台却事实上使权利人通过收取版税的途径获得版权补偿金，进而通过权利配置实现了版权利益与技术发展的平衡。

随着互联网技术的不断发展，P2P 传播技术得以广泛应用。美国第九巡回上诉法院对"Napster 案"❷ 的判决再一次诠释了产业利益与版权制度的关系。Napster 公司开发的 P2P 软件代表了网络传播由"集中式"向"分散式"转变的趋势，文件传播不再需要主服务器的存在，而是通过由普通民众所控制的个人网络终端进行。毋庸置疑，P2P 技术的广泛运用提高了传播效率，使用户获取作品更加方便。但从版权内容和侵权认定规则来看，用户未经许可通过网络传播享有版权的作品无疑构成侵权。然而，P2P 传播的分散性决定了版权主体几乎不可能向数以万计的普通用户追究侵权责任。鉴于此，美国的唱片公司等相关版权主体转而向 P2P 技术的提供者追究侵权责任。与"索尼案"中法院支持录像设备制造商的判决不同，在"Napster 案"中，法院并未援引"实质性非侵权用途"标准。其理由在于，用户如果想要使用 Napster 公司开发的 P2P 软件，则必须进行注册，注册之后才可以进行电影、音乐的传输与分享。换言之，如果 Napster 公司知道或应当知道用户通过网络传播享有版权的作品，则可以终止用户的账号。如此一来，Napster 公司便具备了监督用户侵权行为的能力。因此，法院最终认定 Napster 公司构成帮助侵权。"Napster 案"的判决事实

---

❶ 美国《家庭录音法案》规定了具体的版税标准：数字录音设备（digital audio recording devices）的版税比例为销售价格的 2%，数字录音媒介（digital audio recording media）的版税比例为销售价格的 3%。同时，该法案规定了权利人对版税的分享比例，例如，音乐发行商（music publishers）为 16.65%，词曲作者（songwriters）为 16.65%，唱片公司（record labels）为 38.4%。参见：Audio Home Recording Act [EB/OL]. [2015-11-06]. https://en.wikipedia.org/wiki/Audio_Home_Recording_Act.

❷ A&M Records, Inc. v. Napster, Inc., 239 F. 3d 1004 (9th Cir. 2001).

上确立了网络服务商❶的"中介责任"❷。同时，P2P技术背后的利益纷争也在该案中露出端倪：用户通过P2P软件在网络中传播和分享作品，其传播效率和传播数量已经远远超出"索尼案"中家庭录制行为对电影、音乐等版权市场的影响和威胁；如果版权法继续以顺应传播技术发展的名义对此置若罔闻，则版权主体的利益将会受到极大减损。不难看出，在版权主体的利益和传播技术提供者利益相冲突的情形下，版权法必须通过权利配置和规则设定，以实现各方利益的相对平衡。

总之，随着传播技术的革新和商业模式的发展，版权主体和作品传播者等各方主体的利益分化在所难免。而版权制度的发展本质上是不断调和、平衡各方利益的过程，版权法既要顺应传播技术发展的总体趋势，也要满足版权人的正当诉求。

2.1.3　因应技术发展　保持利益平衡

通过回顾版权法的历史演进不难发现，每一次传播技术的重大发展都会打破既有的商业模式和盈利途径，进而导致各方主体的利益分化；版权法则在顺应技术发展的前提下，通过相应的权利配置和责任分配调整版权主体、传播者及技术提供者的利益分歧，最终实现版权法的激励功能和各方主体的利益平衡。事实上，技术发展和利益博弈始终是版权法变革的现实基础。同时，为应对传播技术发展和协调各方利益的分歧，版权保护一

---

❶　按照知识产权学术界的通行解释，网络服务商即网络服务提供者，其包括网络内容提供商（internet content provider，ICP）和网络服务提供商（internet service provider，ISP）。前者直接向网络用户提供作品内容，例如各类门户网站、音乐、影视网站；后者不直接提供作品内容，而是对网络用户提供平台、存储和搜索等网络服务，例如社交网站、维基百科等。

❷　简单而言，中介责任是指网络服务商知道并有能力控制用户的侵权行为，但并未采取措施防止侵权行为的发生，则应承担的版权法责任。以美国为代表的英美法系采用"帮助侵权"的概念。参见：薛虹. 十字路口的国际知识产权法［M］. 北京：法律出版社，2012：151.

直呈现扩张和强化的趋势。❶ 可以相信,在未来的发展过程中,版权法依然会延续这一态势。因此,技术中立原则和利益平衡原则在版权法应对传播技术发展和利益平衡的过程中尤为重要。

技术中立原则肇始于"索尼案",其基本理念在于一项新技术或产品的出现本身是中性的,技术或产品提供者无法预判其被用于合法用途还是非法用途,因此,不能仅仅因为技术或产品被第三人用作实施侵权行为的工具而将侵权责任强加于提供者。❷ 不难发现,技术中立原则在调和传播技术创新与版权制度的关系中居功甚伟。在鼓励科技创新的信息时代,新技术自然会不断涌现,版权法也应当继续秉持技术中立的理念。需要注意的是,"技术中立"不能毫无节制地泛化,更不能毫无区别地成为技术提供者的挡箭牌和避风港。事实上,技术提供者是否需要承担侵权责任仍需要按照具体的版权侵权责任标准来判定。换言之,"技术中立"仅是一种处理科技创新与版权制度冲突的原则,而不能凌驾于版权侵权认定规则之上。正如"Napster案"中法院认定 Napster 公司构成帮助侵权❸,如果用户利用一项新技术或产品实施侵权行为,而技术提供者明知该行为的存在,并且没有采取必要措施,则需承担版权侵权责任。总之,如前文所述,技术或产品提供者版权侵权责任一般被称为"中介责任",而"提供者的用户的侵权行为构成中介责任的基础"❹,提供者的参与行为或者控制地位则是认定中介责任的关键。

随着版权法理论的不断深入,利益平衡已经成为版权法的原则和基准。究其本质,利益平衡在于满足版权法激励功能的前提下实现作品创作

---

❶ 版权保护的扩张和强化表现为版权客体的不断拓展、版权内容的不断膨胀及版权保护期的不断延长。就版权保护期而言,世界上第一部版权法——1709 年英国的《安娜法》,规定了 14 年的保护期。《伯尔尼公约》确定了作品的版权保护期为"作者有生之年加死后 50 年"。而美国于 1998 年通过了《松尼·波诺版权保护期延长法案》(*Sonny Bono Copyright Term Extension Act*),该法案将版权保护期延长至作者终生加死后 70 年,对雇佣作品、匿名作品和笔名作品等,延长保护期为 95 年。

❷ 张今. 版权法上"技术中立"的反思与评析 [J]. 知识产权, 2008 (1): 72-76.

❸ A&M Records, Inc. v. Napster, Inc., 239 F. 3d 1004 (9th Cir. 2001).

❹ 薛虹. 十字路口的国际知识产权法 [M]. 北京: 法律出版社, 2012: 154.

者、作品传播者及社会大众之间的利益协调。如前文所述，在"索尼案"中法院否定了版权人限制录像技术的诉求[1]，美国《家庭录音法案》则在顺应传播技术发展的前提下，考虑到数字设备对版权市场的影响，规定了数字设备制造商等相关主体需按照设备销售价格的一定比例缴纳版税。"索尼案"的判决和美国《家庭录音法案》的出台，恰恰是司法和立法机关因应技术发展，考量各方利益冲突，协调传播技术提供者和版权人利益的结果。值得一提的是，在版权保护不断扩张的趋势下，利益平衡并不能仅仅局限于关注各类私权主体之间的利益协调，更应警惕发达国家所倡导的高水平知识产权保护对发展中国家经济发展的不利影响。事实上，"每个经济体在发展过程中都要经历复制、模仿已有经济成果的初级阶段，以及改进已有知识和成果的局部创新和本地化创新阶段"[2]。发达国家或地区通过《与贸易有关的知识产权协议》（TRIPS）、《跨太平洋伙伴关系协定》（TPP）等多边条约，运用争端解决机制和贸易制裁手段，正在将其主张的高水平版权保护标准向全球拓展。面对此种情形，发展中国家或地区应当争取国际条约谈判中的话语权，通过与非政府组织合作，制衡发达国家或地区在国际版权保护政策中的强势地位。

2.2　版权许可的基本范畴与价值定位

从广义上而言，法的价值可以指代法对于人的一切功能和意义，包括法的一切有用性。申言之，"法的价值是以法与人的关系作为基础的，法基于自身的客观实际而对于人所具有的意义和人关于法的绝对超越指

---

[1] Sony Corporation of America et al. v. Universal City Studios, Inc., et al. 464 U.S. 417 at 442 (1984).

[2] 薛虹. 十字路口的国际知识产权法 [M]. 北京：法律出版社，2012：77.

向"[1]。法的价值是社会对于法律规范抽象化了的利益要求，在整个法律体系中居于统领性的地位，决定着法律规则的具体设计和发展方向。因此，对法律价值的研判和定位是分析现有法律规则利弊的理论基础，也是判断具体法律制度发展路径和改革方向的坐标。分析互联网环境下版权许可制度面临的问题与困境同样无法离开对版权许可制度的价值判断。作为一种无形财产的有效利用方式，版权许可是版权人行使权利的重要方式，也是社会公众利用作品的合法路径，更是繁荣文化市场的必要环节。鉴于上述分析，版权许可制度的价值定位不仅是深入分析具体版权许可规则优劣成败的前提，也是寻求版权许可制度未来改革与创新路径的理论基础。厘清版权许可的基本范畴则是对版权许可制度价值进行准确定位必不可少的前提。

2.2.1 版权许可的基本范畴

2.2.1.1 版权许可的内涵界定

作为一种无形财产权，版权价值的实现在于版权交易的顺利完成。一般而言，版权交易包括版权转让和版权许可。版权转让是版权人将版权财产权利永久性地转移给他人所有，并由此获得一定的报酬。版权转让的权利标的既可以是版权财产权利中的一项，也可以是多项。在市场经济环境下，版权交易是沟通版权人和社会大众的桥梁，是作者实现创作回报和社会认可的重要途径，更是满足社会大众作品消费需求的前提条件。版权许可是版权交易的重要形式，研判互联网环境下版权许可制度的前提是厘清版权许可的基本范畴与类型划分。

就私法领域而言，许可是指在不转让财产所有权的前提下让渡财产权

---

[1] 卓泽渊. 法的价值的诠释[J]. 苏州大学学报（哲学社会科学版），2005（5）：13-16.

利的一种交易方式。❶ 知识产权许可与有形财产许可并无本质上的区别，二者均是权利人在保留财产所有权的前提下授权他人行使相关权利的民事法律行为。在知识产权法领域，根据许可标的的不同，许可行为可以划分为三类，即专利实施许可、版权许可和商标使用许可。

笔者认为，版权许可是指作者或其他权利人基于自身意愿或法定事由，将自己享有的版权在一定期限内交由他人行使，并由此获得相应的报酬。❷ 就版权交易的功能而言，版权许可与版权转让相同，都是版权人利用作品获得经济收益的重要路径。就法律性质而言，版权许可与版权转让的主要区别如下：①与版权转让永久性地让渡财产权利不同，版权许可并非权利的彻底转移，而只是使用权的流转，版权归属并未发生改变。②除非版权人同意，被许可人不能将所获得的使用权再让渡给第三人；而版权转让后，受让人有权将获得的权利转让或许可他人使用。③在版权许可中，非独占使用权的被许可人不能因权利被侵害而以自己的名义提起诉讼，只有独占使用权的被许可人才能因专有权使用被侵害提起诉讼；而版权转让后，任何受让人对侵害其财产权的行为均可提起诉讼。❸

事实上，版权许可比版权转让的适用性更强，法律关系也更为复杂。言其适用性更强，是因为在不允许版权转让的国家中，版权许可是作者或其他权利人利用作品的主要乃至唯一的途径。例如，德国著作权法更加关注作者与其作品之间的紧密联系，奉行著作权不可转让原则，作者既不能把自己享有的著作权中的财产权转让给他人，更不能把人格权转让给他人。只允许作者通过著作权使用许可方式授权他人行使各项财产权利。❹ 言其法律关系更为复杂，是因为随着互联网技术的普及运用和传播效率的不断提高，版权许可不仅是简单的许可合同，更是复杂的授权机制。例

---

❶ 德雷特勒. 知识产权许可：上［M］. 王春燕，等译. 北京：清华大学出版社，2003：1.
❷ 本书所论及的版权许可不仅包括权利人通过合同方式授权他人行使版权的许可方式，也包含基于法律规定的法定许可、强制许可等非自愿许可方式。因此，书中对版权许可的界定包括法定事由的许可和权利人自愿许可两种情形。
❸ 吴汉东. 知识产权法［M］. 北京：法律出版社，2011：109.
❹ 雷炳德. 著作权法［M］. 张恩民，译. 北京：法律出版社，2005：299.

如，版权人通过集体管理组织进行的版权集中许可，涉及版权人与版权集体管理组织之间以及集体管理组织与作品使用者之间双重法律关系，牵涉到版权人、作品使用者和消费者的利益诉求，也关切到版权集体管理组织的运作模式和权责范围。

2.2.1.2 版权中精神权利能否被许可的争议与回应

与普通市场交易中的产品不同，作品是作者创作的智力劳动成果，蕴含着创作者的情感、观念、思想和道德观。因此，相较于一般的产品而言，作品对作者具有很强的人身依附性。因此，作者的精神权利在版权法中占据着重要地位。简单而言，精神权利是指"作者就作品中所体现的人格或精神所享有的权利"。❶ 我国《著作权法》将精神权利称为人身权，二者在本质上并无明显区别。

尽管各国版权立法存在诸多差异和分歧，但无论是大陆法系还是英美法系，都对作者的精神权利予以法律保护。《伯尔尼公约》第6条之二明确了精神权利的最低保护标准，即作者享有表明作者身份和保护作品不受歪曲、割裂和更改的权利。❷ 在美国《视觉艺术家权利法》出台之前，联邦版权法并未明确保护作者的精神权利，但这并不意味着美国法律不保护作者的精神权利。事实上，美国以版权法之外的合同法、反不正当竞争法等法律对精神权利予以保护。1990年通过的美国《视觉艺术家权利法》明确规定了建筑作品和视觉性质的作品的作者享有署名权和修改权，从而赋予了作者在版权法意义上的精神权利。❸ 德国著作权法采用一元化的立法模式，将作者人格权作为著作权的有机组成部分，并将人格权与财产权利

---

❶ 李明德，许超. 著作权法［M］. 北京：法律出版社，2009：56.
❷ 《伯尔尼公约》第6条之二中规定："不受作者经济权利的影响，甚至在上述经济权利转让之后，作者仍保有要求其作品作者身份的权利，并有权反对对其作品的任何有损其声誉的歪曲、割裂或其他更改，或其他损害行为。"参见伯尔尼保护文学和艺术作品公约［EB/OL］.［2021-05-17］. https://wipolex.wipo.int/zh/text/283701.
❸ 李明德. 美国知识产权法［M］. 2版. 北京：法律出版社，2014：347.

视为紧密联系的统一整体。❶ 我国 2010 年《著作权法》规定的著作人身权包括发表权、署名权、修改权和保护作品完整权。2014 年 6 月原国务院法制办公室公布的《中华人民共和国著作权法（修订草案送审稿）》[以下简称"2014 年《著作权法（修订草案送审稿）》"]取消了修改权，其权能由保护作品完整权涵盖。❷ 然而，2020 年修改后的《著作权法》依然保留了发表权、署名权、修改权和保护作品完整权四项著作权人身权。

作者的精神权利不能被转让或许可已成为立法和司法实践中的主流观点。我国《著作权法》明确规定财产权利可以进行许可和转让，但对于精神权利的可许可性和可转让性并未明确规定。从法律解释角度而言，我国《著作权法》实际上否认了精神权利的可许可性。❸ 在司法实践领域，法院一般会认为转让或许可版权精神权利的合同无效。❹ 值得一提的是，有学者从更深层次的理论维度，全面论证了精神权利不能被许可的理由。从人格价值观角度而言，让渡版权精神权利本质上与转让人格是一样的，这与人格不可转让的基本法律理念相悖；从外部性角度而言，精神权利不仅是作者的自身利益，而且还包含着社会公益，允许让渡精神权利，则可能有损于作品的真实性。作品署名、内容和风格的任意改变将会破坏文化成果和文化遗产的稳定性和传承性。❺ 然而，也有部分学者认为，精神权利转让具有合理性、必要性和客观性❻；精神权利具有可转让性，应当允许精神权利的转让❼。

---

❶ 雷炳德. 著作权法 [M]. 张恩民, 译. 北京: 法律出版社, 2005: 266 - 267.
❷ 详见国家版权局 2012 年 6 月《中华人民共和国著作权法（修订草案送审稿）》和《关于〈中华人民共和国著作权法〉（修订草案送审稿）的说明》。
❸ 《著作权法》第 10 条第 2 款规定："著作权人可以许可他人行使前款第五项至第十七项规定的权利，并依照约定或者本法有关规定获得报酬。"
❹ 在郑州世纪英合信息技术有限公司与北京三面向版权代理有限公司著作权侵权纠纷一案中，法院认为，转让作品人身权和财产权的合同部分有效，即转让财产权利的合同条款有效，而转让人身权的合同条款无效。参见河南省高级人民法院（2006）豫法民三终字第 53 号民事判决书。
❺ 杨红军. 版权许可制度论 [M]. 北京: 知识产权出版社, 2013: 21 - 34.
❻ 何炼红. 著作人身权转让之合理性研究 [J]. 法商研究, 2001 (3): 47 - 54.
❼ 谭启平, 蒋拯. 论著作人身权的可转让性 [J]. 现代法学, 2002 (4): 74 - 80.

第 2 章　技术变迁与产业推进：版权许可制度的理论基础

笔者认为，精神权利能否被许可的争议的本质在于人格权利不能被让渡的坚守与版权自由贸易主义的分歧。当然，从我国目前的立法、司法和学理上来看，精神权利不能被让渡和许可的结论已然成为主流，但这并不能阻碍对精神权利可否被许可问题作进一步深入研判。事实上，版权中的精神权利并非一项单一性的权利，而是一个由若干子权利组成的集合体。因此，笼统地分析法律应否允许精神权利的许可与转让就不可避免地带有一定的片面性。就我国《著作权法》而言，精神权利包括署名权、发表权、修改权和保护作品完整权。对精神权利是否可以被许可的问题，需要具体分析。

第一，彰显作者身份的署名权是精神权利的核心，也是作者与作品之间的重要纽带。同时，更为重要的是，真实、客观地表明作者身份不仅是对作者创造性劳动成果最起码的承认，更是对社会大众最基本的尊重；否则，会欺骗社会公众，有损公共利益。例如，假设作者完成了一部文学作品之后，将该文学作品之上的署名权许可给他人行使，由此获得经济报酬。换言之，由被许可人在该文学作品上署名。如果法律允许类似的署名权许可，则无疑是对广大消费者的隐瞒和欺骗。因此，署名权不仅是对作者人格利益的保护，更牵涉到对社会基本诚信的维护和对消费者的尊重，故版权法自然不能允许署名权的许可。

第二，修改权和保护作品完整权的立法本意是维护作者的社会声誉和评价。因为如果第三人恣意篡改、歪曲作品情节、人物关系、观点或思想情感，甚至将一部思想积极向上的作品篡改为情感猥琐不堪的"作品"，自然会引发社会公众对作者本人的负面评价。但现实问题并非上述简单事例的重复，如果第三人得到作者的授权对作品的内容进行修改，并且修改的内容得到作者的认可，则不会损害社会公益，版权法自然不应禁止。对于保护作品完整权而言，情况更为复杂。在互联网环境下，"大众产生内容"逐渐成为常态，观众、读者不仅是信息的接受者，而且还会对作品进行非商业目的的再创作，甚至这种再创作是对原作品的批评和讽刺。正如哈佛大学法学院教授费舍尔所言："新技术鼓励并且能使娱乐产品的接受

27

者对作品进行再加工和传播——换言之，使消费者参加到作品的创作过程中来。"❶ 于是，一个接踵而来的问题是，如果公众基于艺术批评或文艺讽刺的目的，对原作品进行嘲讽和滑稽模仿式的再创作，进而形成与原作在内容情节和人物关系上迥异的新作品，那么，是否构成对作者保护作品完整权的侵权？事实上，对原作的嘲讽、讽刺和滑稽模仿的行为在英美法系国家中被称为"谐仿"，其来源于英文的"parody"一词。《布莱克法律词典》将版权法上的"parody"定义为"对知名作品进行转换性使用，以达到对原作进行讽刺、嘲弄、批判或评论的目的"❷。在我国，一个明显的例证莫过于 2006 年胡戈基于电影《无极》的画面而创作的网络视频《一个馒头引发的血案》。❸ 该事件引发了学术界的强烈反响。有学者认为，"应当将谐仿作为著作权权利限制的一种特殊形式纳入其保护范围"❹。也有学者从社会公益的角度阐明谐仿的正当性："滑稽模仿者借用原作进行再创作，有利于社会文化事业的发展，也有助于保护表达自由价值的实现。"❺ 可见，虽然谐仿行为是对原作基本内容、作者观点和思想情感的重大改变，但因其有利于文艺批评和表达自由的实现，故立法上应采取宽容态度。承认谐仿作品的合理性和正当性也就意味着认可对保护作品完整权的限制。其实，谐仿的版权法问题与保护作品完整权能否被许可问题在本质上是相同的。申言之，作者允许他人对自己的作品进行讽刺性评价和滑稽性模仿，也应当具有正当性和必要性。既然版权法将谐仿行为视为一种无须作者同意的权利限制，那么，作者主动授权他人对自己的作品进行批评，法律自然应当允许。总之，版权法的激励功能并非仅仅是对作者创作行为的认可和鼓励，还涵盖对公共利益社会发展的全面考量。人格权不能

---

❶ 费舍尔. 说话算数：技术、法律以及娱乐的未来 [M]. 李旭，译. 上海：上海三联书店，2013：18.

❷ GARNER B A. Black's Law Dictionary [M]. 8th ed. St. Paul，MN：Thomson West 2004：956.

❸ 详见新浪网的报道，网址为 http：//ent. sina. com. cn/f/mantouxuean/。

❹ 罗莉. 谐仿的著作权法边界：从《一个馒头引发的血案》说起 [J]. 法学，2006 (3)：60-66.

❺ 梁志文. 作品不是禁忌：评《一个馒头引发的血案》引发的著作权纠纷 [J]. 比较法研究，2007 (1)：118-125.

让渡的民法基本理念不应成为精神权利被许可的理论桎梏,而表达自由和公共利益是判断版权精神权利能否被许可的标准和前提。

2.2.1.3 版权许可的类型

如前文所述,相较于版权转让,版权许可的法律关系和授权机制更为复杂,既可以是版权人与使用者直接订立许可协议的个别授权,也可以是权利人通过集体管理组织而进行的集中许可;既能够按照版权人的意愿,通过订立许可合同而完成,也可以直接基于法律规定的事由而实现。这些许可机制和模式既有区分,也存在交叉。而从总体上按照是否需要经作者同意或授权的标准对版权许可进行自愿许可(授权许可)和非自愿许可的划分是厘清版权许可模式和机制的基础。

自愿许可,又称授权许可、使用许可,是指版权人"将其作品许可使用人以一定的方式,在一定的地域和期限内使用的法律行为"❶。许可人和被许可人的平等、自愿和意思表示一致是自愿许可的基本要素。按照《著作权法》第 26 条的规定,版权许可合同中应当明确许可使用的权利是专有使用权或者非专有使用权。❷ 值得注意的是,2014 年《著作权法(修订草案送审稿)》以权利为立法主线❸,版权许可被置于第五章"权利的行使"中。其中第 54 条中规定:"许可使用的权利是专有使用权的,许可使用合同应当采取书面形式。合同中未明确约定许可使用的权利是专有使用权的,视为许可使用的权利为非专有使用权。"由此可见,在我国的法律框架下,版权的自愿许可一般可以划分为专有使用许可和非专有使用许可。

---

❶ 吴汉东. 知识产权法 [M]. 北京:法律出版社,2011:108.

❷ 《著作权法》第 26 条:"使用他人作品应当同著作权人订立许可使用合同,本法规定可以不经许可的除外。许可使用合同包括下列主要内容:(一)许可使用的权利种类;(二)许可使用的权利是专有使用权或者非专有使用权;(三)许可使用的地域范围、期间;(四)付酬标准和办法;(五)违约责任;(六)双方认为需要约定的其他内容。"

❸ 2014 年《著作权法(修订草案送审稿)》对著作权法的结构、体系作了较大幅度的修订,其中最为明显的特点是,以权利为立法主线,围绕著作权、相关权、权利的限制、权利的行使、技术保护措施和权利管理信息、权利的保护而展开。

目前，知识产权理论界一般将自愿许可按照被许可人权限的不同划分为以下三种类型。

（1）独占许可，即在版权许可合同约定的期限内，被许可人获得独占性的使用作品的权利，有权排除包括版权人在内的任何人以同样的方式使用作品。独占许可是被许可人权限最大的一种版权许可，不但版权人不能再将权利授权给第三人使用，而且版权人自己也不能以许可合同约定的方式再使用作品。我国《著作权法》中所规定的专有使用许可本质上就是独占许可。❶需要说明的是，无论是何种类型的版权许可，被许可人都不得将获得的权利再许可第三人行使，除非经版权人同意。

（2）排他性许可，即在版权许可合同约定的期限内，被许可人获得排他性的使用作品的权利，有权排除第三人以同样的方式使用作品。与独占许可不同，在排他性许可中，版权人自己可以使用作品；但版权人不能将权利再次授权给第三人，否则构成违约。很明显，排他性许可中被许可人获得的权利范围要小于独占许可中被许可人获得的权利范围，相应的许可费用也要比独占许可低。

（3）普通许可，即在版权许可合同约定的期限内，被许可人获得使用作品的权利，而版权人仍然可以自己使用作品或将版权许可第三人使用。可见，相较于独占许可和排他性许可，普通许可中被许可人获得的权限最小，许可使用费也最低廉。

独占许可、排他性许可和普通许可是按照被许可人的权限大小而进行划分的，三者均是由版权人与作品的使用者直接商谈作品的使用方式、权利范围和具体费用，进而签订许可合同。但面对市场信息不对称、权利内容的多样性和权利主体分散化问题，版权人与使用者逐一进行版权许可虽然能充分体现权利人的意思自治，但无疑会增加交易成本，进而导致因交

---

❶《著作权法实施条例》第 24 条规定："著作权法第二十四条规定的专有使用权的内容由合同约定，合同没有约定或者约定不明的，视为被许可人有权排除包括著作权人在内的任何人以同样的方式使用作品；除合同另有约定外，被许可人许可第三人行使同一权利，必须取得著作权人的许可。"

易不顺畅而引发的版权侵权。版权集体管理组织的有效运行恰恰可以降低版权交易中的信息搜索成本、谈判成本和执行成本。因此,通过版权集体管理组织进行的版权集中许可也就成为实践中常见的许可方式。由此一来,按照是否有中间人的存在,版权自愿许可也可以划分为个别授权许可和集中许可。在尊重版权人意思自治和维护版权排他性的前提下,解决权利的分散性问题是集中许可的制度优势。在音乐作品的机械表演等规模较大的领域集中许可的制度优势尤为明显。

非自愿许可,即基于法律明确规定的事由,他人使用相关作品无须征得版权人的同意,但应当支付报酬的作品利用方式。与自愿许可不同,非自愿许可的实现并非基于权利人的意思表示,而是由法律直接规定作品的使用方式、范围及费用。作为一种财产权的流转方式,民事许可行为在双方当事人平等、自愿的基础上可以实现财产的有效利用。在这一点上,版权许可与一般的民事许可并无二致。但版权法功能并非仅是保护版权人利益,促进文化的有效传播以及满足社会公众对文化的需求也是版权法的题中应有之义。因此,弱化权利排他性的非自愿许可方式的作用不可或缺。究其本质,非自愿许可是现代民法理论中私权自治限制理念在知识产权法中的体现。

一般而言,非自愿许可包括法定许可和强制许可。法定许可,即"根据法律的直接规定,以特定的方式使用已经发表的作品,可以不经版权人的许可,但应向版权人支付使用费,并尊重版权人其他权利的制度。"❶ 法定许可的特点在于否定版权人对作品的控制权,但依然肯定版权人获得经济报酬的权利。因此,法定许可制度是版权人与作品使用者之间的平衡机制和妥协方案。从促进版权交易的角度而言,法定许可实际上是通过弱化版权的排他性来降低许可成本、提高许可效率,构成了对版权的限制。从立法功能上而言,法定许可制度实现了版权人、作品传播者和作品使用者

---

❶ 吴汉东. 知识产权基本问题研究 [M]. 北京:中国人民大学出版社,2005:313.

的多方利益平衡❶，也促进了信息的快速传播和相关产业的健康发展❷。强制许可，即在特定条件下，版权主管机构根据使用者的申请，将对作品进行某种特殊使用的权利授予申请人，并由申请人向版权人支付报酬。强制许可的立法功能在于，"借助强制许可证的方式限制版权人的专有权利，确保公众接触作品、使用作品的可能性，以促进整个社会政治、经济、科学与文化的进步"❸。法定许可与强制许可的区别在于作品的使用是否需要版权主管机构的介入：作品使用者根据法定许可使用作品无须征得作者许可，支付相应报酬即可；而在强制许可制度下，作品使用者需要向版权主管机构提出强制许可的申请，获得强制许可授权之后依然要向版权人支付报酬，因此，强制许可的程序较为复杂或烦琐。

2.2.2　版权许可的价值定位

2.2.2.1　作者权益的实现

1. 版权许可制度对作者创造性劳动的回报价值

尽管各国版权立法有诸多差异与分歧，但保护作者的创造性智力成果及相关权利已然成为国际版权条约和各国版权立法的基本宗旨。《伯尔尼公约》（1979年9月28日修订本）序言宣称公约的目的："本同盟各成员国，共同受到尽可能有效、尽可能一致地保护作者对其文学和艺术作品所

---

❶ 《著作权法》第25条规定了编写出版教科书的法定许可；《信息网络传播权保护条例》第8条规定了义务教育网络传播的法定许可。这两种类型的法定许可正是基于社会公共利益的考量和多方利益的平衡而设定的。

❷ 例如，在音乐产业中，大型唱片公司为了垄断唱片市场有可能与词曲作者签订排他性许可协议，进而排除其他唱片公司再次使用这些词曲制作唱片的可能。基于上述考虑，《著作权法》第42条第2款中规定，录音制作者使用他人已经合法录制为录音制品的音乐作品制作录音制品，可以不经著作权人许可。

❸ 吴汉东. 知识产权法 [M]. 北京：法律出版社，2011：105.

享权利的愿望的鼓舞……"❶ 第 1 条奠定了公约的基础："适用本公约的国家为保护作者对其文学和艺术作品所享权利结成一个同盟。"❷ WCT（1996年）序言中宣称："缔约各方，出于以尽可能有效和一致的方式发展和维护保护作者对其文学和艺术作品之权利的愿望……"❸ 版权许可的立法设计与制度构建应当首先保障对作者创造性劳动的合理、有效回报。从制度溯源与理论构建角度而言，洛克的劳动价值论和实用主义的激励论为版权许可对作者的创作回报价值提供了正当性基础。

洛克在《政府论》中对专制集权政权进行了猛烈抨击，并进而提出了建立在劳动价值论基础上的公民政府的理念。劳动价值论认为，每个人的劳动都属于其自身。任何人只要使某种资源脱离自然状态，这些资源就渗进了他的劳动，加进了他自己的某种东西，从而演化成劳动者的私人财产。申言之，劳动付出是使公共资源演化为私人财产的主要驱动力。劳动价值论建立于 17 世纪末，彼时现代意义的知识产权制度并未系统性地呈现。❹ 因此，劳动价值论并未论及无形财产权问题，而主要阐述了有形财产权的来源及其正当性与合理性。然而，由于无形财产权与有形财产权在私权属性方面并无二致，劳动价值论也同样能够成为知识产权正当性的合理解释，即通过脑力劳动创造的作品、发明等具有交易价值的无形财产自然应当属于创造者享有。有学者提出："财产权劳动理论同样也为知识产权的权利确定与保护提供了合法性基础。"❺

值得一提的是，洛克在论证财产权的正当性时引入了"共有"概念。他认为，共有的事物和资源处于自然状态，任何人对共有物都不能享有私

---

❶ 伯尔尼保护文学和艺术作品公约［EB/OL］.［2021-05-17］. https://wipolex.wipo.int/zh/text/283701.

❷ 伯尔尼保护文学和艺术作品公约［EB/OL］.［2021-05-17］. https://wipolex.wipo.int/zh/text/283701.

❸ 世界知识产权组织版权条约（WCT）［EB/OL］.［2021-05-17］. https://wipolex.wipo.int/zh/text/295438.

❹ 洛克所著的《政府论》成书于 17 世纪末，而世界上第一部现代意义的版权法——《安娜法》则诞生于 1709 年，因此《政府论》的论域范围自然无法涵盖无形财产权。

❺ 易继明. 评财产权劳动学说［J］. 法学研究，2000（3）：99.

人财产权,而随着劳动的出现,情况发生了变化,人们的劳动付出使得部分共有资源从自然状态演变为私人财产。❶ 澳大利亚国立大学彼得·德霍斯教授将劳动价值论中的共有观念拓展到知识产权领域。德霍斯认为:"共有知识由客观知识世界中的部分内容构成,不受财产权的限制,……共有知识是独立存在的资源,可以开放使用。"❷ 上述理论为作者获得创作回报的正当性提供了一种合理的解释路径:思想、观念处于人人皆可利用的共有状态,作者根据现有的思想,经过自己的选择、思考、设计等独创性劳动之后,形成了新的劳动成果——作品;由此一来,具有独创性表达的作品从处于自然状态的思想中脱离出来,而作者的创造性劳动在这一过程中居功甚伟,作者获得相应的创作回报也就具有了足够的正当性和合理性。作为一种版权交易方式,版权许可恰恰是作者通过市场行为或法定安排获得创作回报的关键路径。❸

劳动价值论对无形财产权正当性的解释富于自然理性色彩,而激励理论则具有强烈的实用主义精神。激励理论认为,版权法是通过权利配置来激励信息生产和传播的工具。❹ 有学者将激励理论与版权法的关系概括为:"著作权制度的存在意义,乃是使著作权人在其作品被传播前获得足以激励其投资的收益预期。"❺ 激励理论源自英国哲学家边沁的哲学思想,即人类的活动是尽可能逃避痛苦并尽可能地寻求快乐。就版权法而言,立法的作用是通过"痛苦-快乐"的天平去诱导社会朝着期望的路径发展并最终获得社会的福祉。❻ 作品的创作是作者构思、选择、设计的过程,是作者付出很多劳动的结果。对多数人而言,这也是一个痛苦的过程。而版权法

---

❶ 洛克. 政府论 [M]. 瞿菊农,叶启芳,译. 北京:商务印书馆,1982:45.

❷ 德霍斯. 知识财产法哲学 [M]. 周林,译. 北京:商务印书馆,2008:6.

❸ 此处所言的"市场行为"和"法定安排"对应前文的版权许可类型,即市场行为对应基于作者意愿的普通许可,而法定安排对应版权许可中的法定许可和强制许可。

❹ MERGES R P, MENELL P S, LEMLEY M A. Intellectual Property in the New Technological Age [M]. 4th ed. New York:Aspen Publisher,2006:13.

❺ 熊琦. 著作权激励机制的法律构造 [M]. 北京:中国人民大学出版社,2011:20.

❻ GUIBAULT L M C R. Copyright Limitations and Contracts:An Analysis of the Contractual Over-ridability of Limitations on Copyright [M]. London:Kluwer Law International,2002:10.

承认作者的创造性劳动，并赋予其专有权，这将给作者带来快乐，最终实现社会文化、艺术和科学的繁荣。版权法中的激励理论和机制在英美法系国家体现得尤为明显。《美国宪法》第1条第8款规定："为促进科学和实用技艺的进步，对作者和发明者的作品和发明，在一定期限内给予专有性权利的保障。"

从表面上来看，虽然劳动价值论和激励理论都强调对作者创造性劳动的回报；但是与劳动价值论强调财产权的自然权利属性不同，激励理论的核心在于通过给予作者回报而实现社会福祉。换言之，"如果作品的免费传播对于社会利益来说更好的话，那么从知识产权角度便没有必要给作者经济上的激励"[1]。事实上，版权法的立法目的并非使得版权人的利益最大化，而是着眼于公众利益增强文学、艺术和科学作品的创作与传播。就版权许可而言，版权人将作品让渡给他人使用不但能够实现其创作回报，而且可以实现作品的有效传播。版权许可带来的回报不仅可以激励作者进一步创作其他作品，而且可以给社会产生一种示范效应，即巨大的物质诱惑将会激励更多的人去从事创作，从而使更多的作品涌现，进而促进科学的进步和文化的繁荣。这种激励机制有助于形成"创作—回报—再创作—再回报"的良性循环过程。[2]

2. 版权许可制度对作者人格的彰显价值

与一般的财产权不同，版权不仅具有丰富的财产权内容，而且具有强烈的人身权性质。版权许可不仅是对作者创作的经济回报，而且也有助于作者人格的彰显。版权法保护作者精神权利的法哲学基础在于"人格价值论"，即作品体现作者的思想、个性和情感，是作者人格的延伸和体现。追本溯源，人格价值论源自黑格尔的"财产－人格"学说，即财产的占有是自由人的一个标志。在黑格尔看来，法的意志最初仅仅是抽象或一般的

---

[1] 吴伟光. 著作权法研究：国际条约、中国立法与司法实践 [M]. 北京：清华大学出版社，2013：10.
[2] 杨红军. 版权许可制度论 [M]. 北京：知识产权出版社，2013：65.

意志,当它自己发展成为实在意志时,"意志就成为单一的意志——人"❶。在黑格尔的财产权哲学体系中,人格、意志和财产是一个有机的整体,人格是意志的自由,而财产权是自由意志的体现。"人把他的意志体现于物内,这就是所有权的概念。"❷ 按照黑格尔的理论,在创造者自由意志的支配下,知识、艺术和发明等精神产品都可以演化为私人财产。这也就成为精神权利的哲学基础。

人格价值论可以为版权许可对作者的人格彰显价值提供合理的解释。首先,版权人通过实施版权许可,授权他人行使作品的相关权利,意味着作品的社会价值得到社会的认可。换言之,版权许可的过程也是作者社会声誉确立的过程,更是作者人格被社会承认的过程。其次,版权人通过版权许可而获得的经济回报,可以成为作者进一步创作的物质基础,进而促使作者创作更能体现其思想、个性和情感的作品。最后,作为一种无形财产的交易方式,版权许可的过程也是作品传播的过程;而作品的大量传播有助于社会公众更多地了解、熟悉创作作品的作者,进而使得作者的思想、个性和情感在更大范围内充分展现。

综上,劳动价值论和人格价值论从不同维度为版权许可在实现作者权益方面的制度价值提供了正当性基础和合理性解释。版权许可制度的构建、变革与创新首先应当保障版权人在经济方面的有效回报和对人格利益的充分肯定。

2.2.2.2 传播效率的保障

传播技术的发展在版权制度的变革与创新过程中居功甚伟,印刷术的发明、录音录像技术的出现、无线广播技术的应用以及互联网技术的普及都对版权理论的革新和版权制度的变革产生了重大影响。同时,我们注意到,每一次传播技术的变革都大幅提高了知识、信息及作品的传播效率,

---

❶ 黑格尔.法哲学原理 [M].范杨,张企泰,译.北京:商务印书馆,1961:45.
❷ 黑格尔.法哲学原理 [M].范杨,张企泰,译.北京:商务印书馆,1961:59.

技术传播产业的利益诉求也随之愈加强烈。从整体上而言，版权主体利益的最大化取决于其作品本身的"价值"，但更依赖于市场交易环境中作品的利用率和流转率。因此，版权制度的终极目标应当是实现知识信息有效扩散和利用，并进而保证创作者、传播者和使用者之间的利益平衡。促进知识扩散与提高传播效率应当是版权许可制度的价值追求。

1. 作品创作、文化传播与社会发展的内在机理

如果将作者、作品、版权人等版权法上的概念置于整个文化市场的产业链上来分析，不难发现，作品创作的过程也是文化产品的生产过程。作品创作处于整个文化市场的最前端，是整个文化产业的基础和前提；知识、信息与文化的传播则是连接作者与社会公众的桥梁和纽带；而作品的数量、内容与传播的效率、方式必然对社会发展和变迁产生重要影响。

作品创作是知识传播的前提与基础，而知识、文化、信息的有效传播则是激励作者创作的驱动力。作者基于构思、选择、设计而进行的作品创作行为本质上是一种知识、文化的生产行为。与普通的产品生产一样，知识生产同样需要各种要素的投入，包括生产者的脑力劳动、资金、实验设备等。但知识的生产与普通产品的生产也存在着诸多区别。第一，知识的生产需要创作者脑力劳动的投入，因此，知识生产过程体现了创作者的思想、个性和情感，带有强烈的个人色彩。第二，相较于普通产品的生产，"知识产品的生产具有很大的不确定性和风险性，投入与产出之间的关系不像其他生产过程那样明确，也就是很难确定其生产函数"[1]。第三，知识生产的成果表现形式多样，包括能够实现产权化的作品、发明等可以进行市场交易的成果形式，也包括科学发现等无法实现产权化并难以进入市场的成果形式。作为一种知识生产的表现形式，作品创作无疑能够起到繁荣文化市场和增进社会公益的作用。

一般而言，有两种途径可以有效激励作者的创作行为，即通过政府资助等非市场化措施和建立在市场机制基础上的产权制度。政府资助等非市

---

[1] 袁志刚. 论知识的生产和消费 [J]. 经济研究，1999（6）：60.

场措施固然可以在基础性领域起到一定的激励作用并克服负外部性,但因缺乏产权制度的法定安排而失之于无法契合市场的真正需求和满足市场交易的基本条件。因此,从利于文化传播的角度而言,作品的产权化与商品化无疑是刺激知识、文化产出的有效路径,更是知识、文化市场交易和有效传播的基础和前提。但通过法定安排赋予作者版权,实现作品的产权化与商品化,也不可避免地带来了负面效应,即作品的产权化在一定程度上也成了作品传播的障碍。正如法律经济学对无形财产权提出的一个悖论:"没有合法的垄断就不会有足够的信息生产出来,但是有了合法的垄断又不会有太多的信息被使用。"❶ 鉴于此,版权法始终在寻求激励作品创作与推动作品传播之间的平衡和协调,各国版权法中的合理使用、法定许可、强制许可等诸多版权限制制度无不与上述立法目标息息相关。而从长远来看,作品的有效传播不仅有助于作者实现其经济回报和彰显其人格价值,更有助于为作者创作更多作品提供驱动力。

社会的发展依赖于科技水平的逐步提高和文化成果的不断繁荣,而文化的扩散与传承则是社会变迁的关键因素。具体而言,文化传播与社会发展的关系至少可以归纳为以下两个方面。其一,知识、文化的高效传播与扩散能够增强国家的文化影响力。在市场经济条件下,知识与文化的社会价值体现在产权流转与市场交易过程中,而消费者对各类信息的认可与接受直接影响着知识与文化的生产数量与传播速度。此外,新型传播技术的运用加速了信息的传播速度,扩大了信息的扩散范围,而这也必然形成相当的文化影响力。一个明显的例证是,以 Napster 为代表的各类 P2P 交互式共享软件使得音乐的传播突破了地域的限制,虽然 Napster 在法律上已被否定❷,但 KaZaA、Gnutalla 等新型共享软件依然层出不穷。伴随着互联网交互式传播的盛行,相关企业和国家的文化影响力也在不断增强。正如哈佛大学法学院教授费舍尔所言:"Napster 以及其他技术创新绝非美国通俗

---

❶ 考特,尤伦. 法和经济学 [M]. 张军,等译. 上海:上海三联书店,1994:185.
❷ A&M Records, Inc. v. Napster, Inc., 239 F. 3d 1004 (9th Cir. 2001).

文化在全球盛行的唯一原因，但至少从目前的普及来看，这些技术加强了美国文化的影响力。"❶ 其二，从大众传播的历史进程来看，知识传播方式的革新和传播途径的拓展不断促使人们对商业模式和盈利方式进行创新与变革。印刷时代的信息传播以报纸、书刊为载体，出版商控制着传播渠道和传播手段，通过在文化市场上出售作品、信息载体而获利。随着无线广播和电视媒体技术的普及，文化产业得以繁荣，相关产业投资人通过广播、电视等媒介向公众传播文化产品。而互联网技术的普及和 Web 2.0❷的盛行打破了作品需要借助"中间人"进行传播的既有商业模式，用户创造内容成为常态。互联网的交互性和共享性催生出诸多新的娱乐产品传播模式，更多的艺术工作者能够通过更为高效的传播渠道在全球范围内建立知名度。然而，一个众所周知的事实是，新型传播技术的大规模应用使得唱片公司对音乐市场控制力逐渐减弱，也给传统的通过销售文化产品载体而获益的商业模式带来了沉重的打击，因此，"最好的解决办法是通过改革娱乐产业和法律制度，使新技术的潜在优势得到充分发挥，将新技术的不利影响作最大限度的遏制"❸。

2. 传播效率：互联网产业的利益诉求

作品的创作本质上是知识的生产，而直接经验和间接经验的获得则是知识生产的基础。前者是指知识生产者通过直接参加社会实践获得相关知识，后者则是知识生产者从他人那里获得相关数据、知识和经验之后进行创造性的再生产过程。传播技术的发展使得现代社会信息收集、处理能力得以大幅度提升。因此，通过获得间接经验而进行的再生产已然成为知识生产的主要途径，而间接经验的获得主要依赖于各种传播媒介的有效运行。传播效率则是衡量媒介能否有效运行的重要参照。所谓传播效率，是

---

❶ 费舍尔. 说话算数：技术、法律以及娱乐的未来 [M]. 李旭，译. 上海：上海三联书店，2013：4.

❷ Web 2.0 是相对于 Web 1.0 而言的新型互联网内容生成模式，是指利用 Web 的平台，由用户主导而生成的内容互联网产品模式，其区别于门户网站的职业雇员生成网络信息和版权内容。

❸ 费舍尔. 说话算数：技术、法律以及娱乐的未来 [M]. 李旭，译. 上海：上海三联书店，2013：6.

指信息需求者单位时间内通过传播媒介而获得的信息数量。❶ 对传播效率的追求目标就是用最快捷的方式让信息需求者在最短的时间内获得客观、准确的信息。从信息传播方式的历史发展来看，人类已经或正在经历着口耳相传、手写传播、印刷传播、电子传播和互联网传播。在传播模式不断创新的历史进程中，互联网传播以及由此新兴的互联网产业无疑是最为迅捷的信息传播方式，同时，相关互联网公司的产业利益诉求也颇为值得关注。

关于互联网产业究竟包括哪些具体的行业（或企业），在不同的论域中有不同的界定。有学者在论及互联网产业的相关市场时将互联网产业划分为电子商务、产业基础设施、软件应用及中介公司四个部分。❷ 中国互联网络信息中心（CNNIC）于2015年7月发布的《第36次中国互联网络发展状况统计报告》将整个互联网市场划分为即时通信、搜索引擎及网络音乐等18类网络应用类型。❸ 事实上，中国互联网络信息中心关于互联网应用的分类全面涵盖目前互联网企业提供给网络用户的服务种类和应用类型，该分类无论在学理上还是在实践中都得到了广泛的认可。❹ 因此，借鉴中国互联网络信息中心关于互联网应用的分类，本书将互联网产业作如下界定，即互联网产业是以互联网为传播基础、为各类网络用户（企业、消费者和其他各类组织）提供网络应用服务的新型产业群体，其包括互联网信息提供服务（如各类门户网站）、互联网搜索引擎服务、电子商务、网络社交服务（如即时通信和网络社区）、互联网休闲服务（如网络视频、

---

❶ 张晓群. 传播效率与经济增长 [M]. 北京：社会科学文献出版社，2009：66.

❷ 蒋岩波. 互联网产业中相关市场界定的司法困境与出路：基于双边市场条件 [J]. 法学家，2012（6）：58.

❸ 中国互联网络信息中心发布的报告对网络应用划分为如下18类：即时通信、网络新闻、搜索引擎、网络音乐、博客/个人空间、网络视频、网络游戏、网络购物、微博客、网络文学、网上支付、电子邮件、网上银行、旅游预订、团购、论坛/BBS、网上炒股或炒基金、互联网理财。参见：中国互联网络信息中心. 第36次中国互联网络发展状况统计报告 [R/OL]. （2015 - 07 - 22）[2021 - 05 - 17]. http：//www.cnnic.net.cn/hlwfzyj/hlwxzbg/hlwtjbg/201507/P020150723549500667087.pdf.

❹ 这一结论可以通过CNNIC定期向社会发布的《中国互联网络发展状况统计报告》（以下简称"报告"）的被引用率予以证实。根据中国知网的相关数据显示，以2009年的报告为例，截至2015年11月12日，报告的被引用率达到98次，这还不包括中国知网无法统计的直接从CNNIC官网中下载报告而引用的数据。

网络游戏）等。笔者认为，尽管产业基础设施行业（包括网络接入服务、网络传输设备的制造等）也能够纳入到广义的互联网产业，但其毕竟属于硬件开发和设备制造范畴，与网络搜索、即时通信等网络应用有明显区别，故本书所言的互联网产业不包括产业基础设施建设/制造的相关行业。

随着产业分工的不断细化，互联网产业逐渐与单纯的版权内容提供商分道扬镳，其旨在向用户提供平台交流和网络传播服务。互联网产业的商业运作和盈利模式主要依赖于用户数量的规模化，而吸引用户积极体验各种网络应用的前提是提供高效便捷的传播服务和传播平台。事实上，与传统服务业不同，网络服务提供商的利润创造主要依赖于交叉补贴和第三方支付。交叉补贴是指"由某两种（或两种以上）产品之间的互补性而引发的相互之间的需求依赖性为前提，先以极低的价格出售其中的基础产品从而使相当多的消费者成为其用户，随后再以相对高价销售与基础产品互补的配套产品从而获得大量利润的盈利模式"❶。交叉补贴在传统行业中应用的一个明显例证是吉列公司对于剃须刀与刀片的定价策略——以低廉的价格销售剃须刀，而与之配套的刀片则以高价出售。互联网市场中的交叉补贴也极为常见。例如，网络游戏服务商通过提供免费网络游戏而吸引大量用户体验和加入，然后在游戏中通过向用户出售游戏增值服务而获益。第三方支付是指"网络服务商在代替用户向著作权人支付作品使用费后，再根据用户浏览或点击网页广告的次数向广告商收取费用"❷。不难发现，在交叉补贴和第三方支付的盈利驱动机制下，互联网产业的商业运作模式旨在追求传播效率，进而实现用户的规模化和市场占有率。

3. 提高传播效率是版权许可制度的社会经济功能

毋庸置疑，文化传播与信息扩散在社会变迁和经济发展过程起到了不可替代的作用。因此，尽管各国版权立法存在诸多分歧和差异，但在实现版权人利益的基础上促进文化传播和保障公共利益是各国版权立法的重要

---

❶ 张足天. 我国网络公司盈利模式研究 [D]. 上海：上海师范大学，2011：26.
❷ 熊琦. 互联网产业驱动下的著作权规则变革 [J]. 中国法学，2013（6）：82.

功能。TRIPS将知识产权置于整个国际贸易的大环境中，力图减少因知识产权保护带来的贸易摩擦和障碍。其第7条阐明了缔约目的，即"促进技术革新和技术转让与技术的传播……"[1]。我国《著作权法》第1条开宗明义，明确著作权立法的基本宗旨即保护著作权和促进文化传播。在《著作权法》第三次修改过程中，虽然著作权具体规则的设计颇有争议和反复[2]，但鼓励作品创作和传播的立法目的始终未曾变化。[3]

事实上，版权法促进文化传播和信息扩散的功能主要是由版权许可制度来完成的。无论是基于自愿的版权授权许可，还是法律直接规定的法定许可、强制许可等非自愿许可，其最终实现的立法价值无外乎体现在两方面，即激励知识文化的广泛传播和限制版权以实现版权人与社会公共之间的利益平衡。

版权许可制度在促进知识扩散与提高传播效率方面的价值也可以从作品使用的特殊性方面得以验证。与有形财产权不同，对版权客体（作品）的合法利用并不会产生如同使用有形物一样的物质损耗和价值减损；相反，作品的广泛传播与利用恰恰可以强化作者的社会声誉。正如托马斯·杰斐逊所言："在我的蜡烛上点亮蜡烛，并没有给我黑暗，而给他人带来了光明，从我这里接受观念，并没有削弱我的观念，而是他人获得了指导。"[4] 因此，从产权流转和市场交易角度而言，版权许可制度在保障版权人利益得以充分实现的同时，也在促进文化传播方面起到了不可替代的作用。

---

[1] TRIPS第7条："知识产权的保护和执法应有助于促进技术革新和技术转让与传播，使技术知识的创造者和使用者互相受益并有助于社会和经济福利的增长及权利和义务的平衡。"

[2] 例如，2012年《著作权法（修改草案）》第46条规定了录音制作的法定许可，但该条规定遭到了音乐界的强烈抵制，随后公布的2012年《著作权法（修改草案第二稿）》取消原草案第46条关于录音制作法定许可；再如，2012年《著作权法（修改草案）》和2012年《著作权法（修改草案第二稿）》中明确了著作权延伸性集体管理制度，但2014年《著作权法（修订草案送审稿）》则删除了关于文字作品的延伸管理性集体管理。

[3] 详见：2014年《著作权法（修订草案送审稿）》；2012年《著作权法（修改草案）》；2012年《著作权法（修改草案第二稿）》。

[4] 杰斐逊.杰斐逊选集[M].朱曾汶，译.北京：商务印书馆，2010：112.

综上所述，如果说版权许可的微观价值在于实现作者的经济利益和彰显作者的人格价值，那么促进作品扩散和知识传播则是版权许可的宏观价值所在。对版权许可价值的准确定位不仅是评判具体版权制度的优劣以及优化具体版权许可规则的前提，更是寻求版权许可制度未来改革与创新路径的理论基础。

2.3 版权许可模式的历史演进

在市场环境下，版权交易是实现权利人利益的关键途径，也是社会公众获取文学、艺术和科学作品的重要方式。科技的革新使得作品类型和作品传播方式不断丰富，版权交易的形态也随之不断变化。毫无疑问，版权许可是版权交易的重要类型，而梳理版权交易的历史演进，有助于探究版权许可的制度基础和具体规则。

2.3.1 印刷时代的版权许可模式

作为一种市场化的交易形态，版权交易的基础是权利人享有独立的"产权"和社会大众对于作品的需求。《安娜法》颁布之前，欧洲虽已产生版权保护的萌芽，但与现代版权制度不同，彼时的版权制度是封建社会下的出版商特权制度。这种"御赐"的特权与现代意义上的私权或产权有着本质上的区别。首先，封建特权保护的图书出版是文化专制的手段。封建统治者通过许可证制度限制言论自由，进而控制社会"秩序"。[1] 其次，出

---

[1] 事实上，《安娜法》诞生之前，英国的图书印刷和生产主要由伦敦书籍出版业公会完成。该公会于1557年取得皇家公司特许状。因此，伦敦书籍出版业公会享有重大的垄断利益，而英国皇室也乐于庇护伦敦书籍出版业公会，其用意在于方便对煽动性的异端信息加以控制。参见：德霍斯. 知识财产法哲学 [M]. 周林，译. 北京：商务印书馆，2008：33.

版特权主要的受益者是出版商，而作者的权益仅受到间接保护。最后，出版许可制度所保护的特权并非现代意义上的普遍"私权"，且并非当时社会的普遍现象，仅限于个别保护和局部保护。[1] 因此，在现代版权制度诞生之前不可能产生以"权利"为对象的交易制度，也就不存在版权交易的产权基础。随着印刷技术的普及和作品的商品化，版权逐渐摆脱了封建君主特权的束缚而成为现代意义上的"产权"。"无传播即无权利"。印刷技术的大规模应用直接导致作品的复制和传播成本大幅降低，图书出版业成为一种新的产业形态，同时，作品创作者版权保护的诉求也得以受到法律的保护。

印刷时代的版权交易主要是通过转让作品的载体来完成的，即让渡作品载体的"占有"才能完成版权交易；但受技术所限，复制一部作品仍然不是普通民众能够完成的。因此，版权人想要将自己创作的作品发行，必须将版权许可或转让给图书出版商，由图书出版商对作品进行大规模复制，然后将制作、包装的作品发行、销售给社会大众。作为一种独立的产业形态，图书出版业由此兴起。作者通过传播者——图书出版商获得经济利益和实现自身价值；而图书出版商则通过获得作者授权，制作、包装、销售图书来实现其经济利益。不难发现，印刷时代的版权交易途径可以归纳为"作品创作者—作品传播者（出版商）—社会公众"。在印刷时代的版权交易模式下，作品被固定在载体上，而消费者通过购买作品载体——图书而获得消费需求。相对于数字技术时代，受技术所限，印刷时代的私人复制几乎不可能实现。因此，在印刷时代，作品与载体难以分离，版权人通过授权出版商，控制作品载体的销售、发行就可以获得报酬，实现经济利益。

2.3.2 模拟复制时代的版权许可模式

印刷时代的作品传播主要通过图书复制、发行而实现。然而，随着录

---

[1] 吴汉东. 知识产权基本问题研究 [M]. 北京：中国人民大学出版社，2005：167.

音、录像机广播技术的逐渐成熟，作品的传播途径大大拓宽；特别是无线电广播技术的普及，使得作品的传播不再局限于通过固化的载体进行。传播技术的变革对传统出版市场造成了冲击，也催生了新的商业模式和版权交易形态。

相较于印刷时代，模拟复制时代的版权交易面临诸多冲击，使得版权人仅通过销售作品载体的传统版权商业模式无法实现其经济收益。首先，随着录音、录像设备进入普通家庭，普通民众可以随意地复制录音、录像制品而不再需要通过传统的方式购买。复制由印刷时代的少数人的个别行为演变为一种无处不在的普遍行为。由此一来，印刷时代所形成的传统版权交易市场受到私人复制的冲击。其次，广播技术的普及使得作品可以与其载体分离，社会大众可以通过广播欣赏各类文学、艺术作品，广播电视组织者成为重要的作品传播者。作品的传播可以摆脱载体的束缚而变得更加迅捷。版权交易不再以版权人让渡作品载体的"占有"为前提条件，依靠销售作品载体而获利的出版市场受到冲击。最后，随着录音技术的日臻完善，作品（特别是音乐作品）得以通过机械表演的方式向公众传播。由此一来，许多商业机构成为版权利用的大户，商场、机场、餐厅等商业机构大规模使用享有版权的音乐作品作为背景音乐。上述机构数量大、分布散，版权人难以监督和维权，无法通过控制作品载体的发行和销售来控制上述机构的版权利用行为。[1] 总之，面对新型传播技术的冲击，版权人已无法仅通过印刷时代建立起来的版权交易模式实现收益。

为应对上述冲击，避免使用者未经许可而使用作品，模拟复制时代的版权交易模式作出了相应的变革。一是成立集体管理组织代表版权人进行版权交易和监督维权。传播技术的发展直接导致了作品使用方式的拓宽和传播途径的多元。如前文所述，商场、机场、餐厅等商业机构大量使用享有版权的音乐作品，而这些机构的分散性使得版权人无法逐一进行版权交易和维权。由此一来，代表版权人进行版权交易和监督维权的集体管理组

---

[1] 熊琦. 著作权激励机制的法律构造［M］. 北京：中国人民大学出版社，2011：142.

织应运而生。美国于 1914 年成立了 ASCAP，法国于 1850 年成立了音乐作者、作曲者和出版者协会（SACEM），集中管理音乐作品的表演权。通过集体管理组织进行版权集中交易的优势在于通过降低交易成本的方式满足版权人的利益诉求。二是通过设定法定许可制度，限制版权人的专有权利，降低版权交易的协商成本，提高作品资源的利用效率。三是设立版权补偿金。录音、录像技术的普及使得私人复制逐步扩大，影响了版权人在作品载体交易市场上的收益。鉴于此，许多国家设立版权补偿金制度，针对可能用于侵犯版权的技术或设备按照一定比例征收版权补偿金，然后将版权补偿金分配给相关版权人。

2.3.3 互联网时代的版权许可模式

相较于印刷技术和模拟复制技术，互联网技术的大规模应用对版权制度的冲击更为全面和猛烈。其不仅使作品的传播可以完全摆脱载体的束缚，信息传播效率大幅提升，更使得传播技术向普通民众转移。❶ 而互联网时代的传播技术对版权交易影响最大的是交易成本的变化和新型授权模式的涌现。

在市场经济条件下，作为一种产权和私权，版权的价值在于流转、交易过程中经济利益的实现和作者人格利益的彰显。版权交易是否高效和便捷取决于交易成本的高低。互联网技术的普及改变了版权交易成本形态和比例。一般认为，版权交易成本包括三个方面：一是搜寻潜在交易对象的成本，即搜索、甄别和发现交易方的成本；二是谈判成本，即确定交易方之后，交易谈判和签约所付出的时间和资金成本；三是合同执行成本，即合同签订之后监督合同履行所付出的时间和资金成本。❷ 需要明确的是，

---

❶ 成本低廉的计算机和网络服务的普及使作品的传播不再受少数机构控制，私人间的交互式传播成为信息传播的新途径。因此，传播技术得以向普通民众转移。

❷ MERGES R P. The End of Friction？Property Rights and Contract in the "Newtonian" World of On-line Commerce [J]. Berkeley Technology Law Journal，1997，115（12）：116.

第2章 技术变迁与产业推进：版权许可制度的理论基础

互联网技术的普及应用并非绝对增加或降低上述交易成本。就搜寻交易方的成本而言，一般而言，互联网技术条件下确实更容易搜索和发现交易对象。但不能一概而论，网络空间中匿名作品的大量涌现反而增加了搜寻成本，而孤儿作品的出现则给版权交易带来了授权障碍。❶ 交易的谈判成本和执行成本并未随着互联网技术的应用发生根本性的改变。因此，从一定意义上而言，互联网传播技术降低了机械性和重复性劳动的交易成本，但"创造性行为的交易成本并未明显降低"。❷

互联网技术的大规模应用促进了版权交易模式的革新，诸多与数字技术和互联网传播密切相关的新型版权授权方式和交易形式不断出现。

第一，伴随着电子商务的普及，低成本、高效率的新型版权许可合同大量涌现。拆封合同和点击合同是这类新型合同的典型。拆封合同是计算机软件的版权许可合同，即软件销售商出售其软件商品时，印刷在软件包装上或者保存在软件包装内的格式合同条款。如果用户打开包装，则意味着接受合同条款，并受该条款约束。❸ 究其本质，拆封合同是互联网环境下版权许可合同的雏形，随后产生的点击合同本质上是根据拆封合同的基本原理和形态演变而来的。从计算机软件制造商和销售商的角度而言，拆封合同的主要目的是防止用户随意复制和通过网络传播计算机软件。作为一种版权保护的措施，拆封合同无疑受到软件制造商和销售商的认可和青睐。但对于软件用户而言，烦琐冗长且不得不接受的合同条款限制了软件的后续使用行为，自然遭到用户的反对。那么，作为一种格式合同，拆封合同是否有效？美国联邦第七巡回法院对 ProCD Inc. v. Zeidenberg 案（以

---

❶ 互联网环境下作者信息的隐蔽性及"版权自动保护"等原因导致作品需求方无法成功查找作者，进而陷入版权授权困境。而无法获得版权授权的作品被称为"孤儿作品"，即特定主体需要以获得版权保护的方式使用作品，而该受版权保护作品的作者无法确定。参见：美国国会众议院.《2006年孤儿作品法案》议案及《2008年孤儿作品法案》议案［J］. 韩莹莹, 译. 环球法律评论, 2009 (1): 151–160.

❷ 熊琦. 著作权激励机制的法律构造［M］. 北京: 中国人民大学出版社, 2011: 143.

❸ HEATH S A. Contracts, Copyright, and Confusion: Revisiting the Enforceability of "Shrink-wrap" Licenses［J］. Chicago-Kent Journal of Intellectual Property, 2005, 5 (1): 12–27.

下简称"ProCD 案")的判决最终认可了拆封合同的效力。❶ 但关于拆封合同的社会效果和法律效力的争论并未尘埃落定。事实上，由于计算机软件中涉及的信息有可能不受版权保护，处于公有领域，"ProCD 案"的判决在美国饱受争议。有学者认为"ProCD 案"的判决会侵蚀公有领域，甚至"承认拆封合同法律效力会意味着版权法的死亡"❷。但美国立法机关的态度显然与学术界的观点迥异，美国《统一计算机交易法案》的出台，进一步承认了拆封合同的法律效力。点击合同与拆封合同的基本原理并无二致，其在电子商务领域非常普遍。一般情况下，当用户购买或使用某种产品之前，产品销售方会通过网络向用户提供一份格式合同（条款），并让用户选择"同意"或"不同意"；用户选择都同意后才能完成产品的使用或购买。相较于拆封合同，点击合同的效力更易获得法律的认可。用户打开的网页中所显示的合同条款本质上是产品提供者发出的要约，而用户的点击行为则是合同法上的承诺。《中华人民共和国民法典》（以下简称《民法典》）同样顺应电子交易的发展趋势，承认电子合同的法律效力。❸

第二，自由软件运动与开放许可涌现。开放许可源自 20 世纪 80 年代兴起的开放计算机源代码运动。计算机软件获得版权保护之后，要想对现有软件进行升级、发展以及进行软件之间的交流与共享，必须获得软件版权人的许可。为避免版权成为软件发展和创新的桎梏，软件开发者主动放弃部分权利，向公众开放软件的源代码，使得公众可以自由使用和修改软

---

❶ "ProCD 案"案情简介：原告 ProCD 公司开发并销售一款电话数据库及下载该数据库的软件。该软件的包装内附随了一份"使用者许可合同"，规定该软件仅供个人使用，禁止再许可、传播或出租，禁止通过互联网向第三人提供。Zeidenberg 购买了该软件，并将其置于互联网上供他人下载。于是，ProCD 公司将 Zeidenberg 起诉至美国威斯康星州地区法院。法院拒绝了 ProCD 公司的诉讼请求。其理由在于：电话数据库不能享有版权；此外，合同条款乃 ProCD 公司单方设立，缺乏双方意思表示一致的合同成立要件。随后，案件被上诉至美国联邦第七巡回法院。该法院最终承认了拆封合同的法律效力。其理由在于：用户的实际行为可以视为合同成立；此外，软件提供商将合同条款附随于软件包装上，有利于维护计算机软件开发者的合法权益，有利于维护市场秩序。参见：ProCD, Inc. v. Zeidenberg, 85F, 3d 1447, 1450（7th Cir. 1996）.

❷ MINASSIAN A. The Death of Copyright：Enforceability of Shrink-Wrap Licensing Agreements [J]. UCLA Law Review, 1997, 45：569.

❸ 《中华人民共和国民法典》第 469 条第 1 款规定："当事人订立合同，可以采用书面形式、口头形式或者其他形式。"点击合同的签订形式可以被视为该条款中的"其他形式"。

件，实现软件技术的交流与创新。开放许可正是基于上述模式和理念而发展起来的版权许可模式。申言之，开放许可是"知识产权人自愿放弃部分权利，允许公众在一定范围内自由使用权利客体的许可模式"❶。在版权法领域，最为典型的开放许可是以维基百科为代表的自由文档许可（free document license）。其允许用户在互联网上自由复制、修改和传播现有的文档，以鼓励用户的创作，形成了百科全书式的社群网站。毋庸置疑，开放许可颠覆了传统的版权许可模式，"向传统商业许可发起了全面的挑战"❷。

综上，传播技术的发展使得版权交易成本发生了较大的变动，也促使契合各方利益的新型版权交易模式涌现。事实上，很多互联网时代的版权交易模式并非由版权法创设，而是市场交易方基于网络技术而自行创制的。互联网环境下的版权交易模式反映了版权人和社会大众的利益诉求，同时也促使版权制度作出相应的变革和创新。

2.4 《著作权法》第三次修改内容的亮点与解读

《著作权法》第三次修改历经十年的修法历程（参见表 2-1）。与前两次修改❸不同，此次《著作权法》的修改是我国立法机关基于国内经济技术发展水平和产业利益诉求而作出的一次主动而全面的立法变革。正如学者所言："我国著作权法的第三次修改，既非基于加入国际公约的需要，也非源于国际社会的压力，而更多的是立足本土国情作出的主动性安

---

❶ 薛虹．十字路口的国际知识产权法［M］．北京：法律出版社，2012：277.

❷ 张平．网络环境下著作权许可模式的变革［J］．华东政法大学学报，2007（4）：125.

❸ 2001年10月27日第九届全国人民代表大会常务委员会第二十四次会议第一次修正，2010年2月26日第十一届全国人民代表大会常务委员会第十三次会议第二次修正。第一次修正主要是为了履行我国加入WTO的相关承诺，根据TRIPS的要求全面修改《著作权法》；第二次修正仅涉及两个条文的变化（修改了一条，增加了一条），主要是为了履行WTO关于中美知识产权争端的裁定，针对有关"依法禁止出版、传播的作品不受著作权法保护"的具体条款作出的修改。

排。"❶ "《著作权法》第三次修改是内外推动的结果,既有中美经贸摩擦的外部压力,也有回应《民法典》中知识产权相关规定、技术变革与产业发展的内部需求,学术争议和比较法研究的借鉴以及典型司法案例的推动等。"❷

表2-1 《著作权法》第三次修改的历程

序号	时间	名称	发布机关	条款总数
1	2012年3月	中华人民共和国著作权法（修改草案）	国家版权局	88条
2	2012年7月	中华人民共和国著作权法（修改草案第二稿）	国家版权局	88条
3	2014年6月	中华人民共和国著作权法（修订草案送审稿）	原国务院法制办公室	90条
4	2020年4月	中华人民共和国著作权法修正案（草案）	全国人民代表大会常务委员会	64条
5	2020年8月	中华人民共和国著作权法修正案（草案二次审议稿）	全国人民代表大会常务委员会	67条
6	2020年11月11日	中华人民共和国著作权法	全国人民代表大会常务委员会	67条

然而,《著作权法》第三次修改过程中,具体制度的取舍和设计也在学术界引起了较大争议。❸ 但不可否认的是,此次著作权法修改无疑在一定程度上顺应了技术发展趋势和满足了产业利益诉求,对著作权的客体、权利内容与限制、授权许可机制及侵权赔偿规则等关键性问题都作了较大幅度修改。

---

❶ 吴汉东.《著作权法》第三次修改的背景、体例和重点[J]. 法商研究, 2012(4): 4.
❷ 金海军.《著作权法》最新修改的主要内容及其适用问题[EB/OL]//人大版权. 观点集萃: 新《著作权法》重要条款变动及影响. (2020-11-26)[2021-03-28]. https://mp.weixin.qq.com/s/sU-VYgrldHC_SPNqyP_idQ.
❸ 例如: 音乐作品的法定许可、追续权制度、孤儿作品著作权利用规则及延伸性集体管理制度等。

2.4.1 创新作品概念　开放保护范围

《著作权法》第三次修改对作品的概念和范畴主要作了如下四点修改。

1. 创新作品概念

2020年《著作权法》第3条规定："本法所称的作品，是指文学、艺术和科学领域内具有独创性并能以一定形式表现的智力成果，包括……"。这一规定弥补了2010年《著作权法》中作品概念的缺失。❶ 事实上，作品概念的立法规定源自《著作权法实施条例》第2条，但与《著作权法实施条例》第2条相比，"能以某种有形形式复制"被改成了"能以一定形式表现"。这一立法变动实际上顺应了技术变革的趋势和产业发展的现实需求。

当然，有学者也质疑该条规定："一是'能以一定形式表现'中的'能'字是多余的。'能'意味着可能性，而不是对现实的要求。如果咬文嚼字起来，思想也是'能'以一定形式表现的，比如作家对小说的构思，完全'能'以文字组合的形式表现出来。'能'字的存在，未能精确地反映修法意图。删除'能'字就意味着作品必须已经以一定形式表现了，也就是作品只能是外在表达，而不是尚处于创作过程中的、'能以一定形式表现'的构思。二是将'能以某种有形形式复制'改为'能以某种有形形式固定'更为可取。"❷

2. 规定视听作品，回应产业诉求

中国网络视听节目服务协会发布的《2020中国网络视听发展研究报告》显示，截至2020年6月，我国网络视听用户规模达9.01亿，较2020年3月增长4380万，网民使用率为95.8%。在各个细分领域中，短视频

---

❶ 2010年《著作权法》第3条："本法所称的作品，包括以下列形式创作的文学、艺术和自然科学、社会科学、工程技术等作品：……"

❷ 王迁.《著作权法》修改：关键条款的解读与分析：上[J]. 知识产权，2021（1）：21-22.

的用户使用率最高，达87.0%，用户规模为8.18亿；综合视频的用户使用率为77.1%，用户规模为7.24亿。该报告首次发布了网络视听产业规模：2019年达4541.3亿元，成为网络娱乐产业的核心支柱。网络视听产业包含综合视频、短视频、网络直播、网络音频智能电视（OTT）、交互式网络电视（PTV）和视听内容生产等行业。内容、技术两大动力源持续驱动视听产业发展，技术驱动越来越多地表现出底层重构的作用，推动视听产业生产方式变革、生产力大幅提升。❶

由此可见，随着网络传播技术的发展，视听产业规模不断扩展。2020年《著作权法》规定"视听作品"无疑顺应了传播技术发展趋势和视听产业利益诉求，"充分考虑我国新技术新媒体尤其是互联网发展的现实需要"❷。与2010年《著作权法》相比，"视听作品"的外延比"电影作品和以类似摄制电影的方法创作的作品"范围更广，必然有利于将短视频、游戏运行画面、体育赛事画面等新型作品纳入著作权法的作品类型之中。

然而，由于立法并未明确视听作品的概念❸，需要进一步澄清以下两个问题。

第一个问题是如何认定视听作品的独创性。事实上，独创性问题在整个版权法中具有根本性地位。"独创性是作品受著作权法保护的实质要件，是判断著作权侵权行为的前提，是整个著作权法律制度的基石。应从利益平衡的视角审视独创性，很难用一个普适性的标准判断作品的独创性，宜针对作品类型区别对待。"❹ 目前，关于视听作品的独创性问题，形成了两种截然相反的观点。一种观点认为，独创性的判断应当坚持"有无"标准。持此观点者认为："对于作品的独创性判断，只能定性其独创性之有

---

❶ 《2020中国网络视听发展研究报告》发布 用户规模破9亿 短视频全面推动市场变革[EB/OL]．（2020-10-13）[2021-03-28]．http：//news.cctv.com/2020/10/13/ARTIip4JhuTW6qREtOt5SV2t201013.shtml．

❷ 石宏．著作权法第三次修改的重要内容及价值考量[J]．知识产权，2021（2）：5．

❸ 事实上，2014年《著作权法（修订草案送审稿）》第5条第12项规定了视听作品的概念，即"视听作品，是指由一系列有伴音或者无伴音的连续画面组成，并且能够借助技术设备被感知的作品，包括电影、电视剧以及类似制作电影的方法创作的作品"。

❹ 赵锐．作品独创性标准的反思与认知[J]．知识产权，2011（9）：55．

无,而无法定量其独创性之高低。"❶ "高度独创性门槛要件,实质是要求作品具备较高艺术水准方满足独创性要求。作品艺术水准高低,主观判断色彩强烈,应该交给市场,而非立法者和司法者判断和选择。"❷ 另一种观点则认为,独创性的判断应当采用"高低"标准。"在我国著作权法中,独创性的'有无'实际上是指独创性的程度高低,即只有独创性达到一定高度,才可谓'有'独创性。"❸

笔者认为,正是"北京新浪互联信息服务有限公司诉北京天盈九州网络技术有限公司案"二审判决书和再审判决书❹引发了学术界关于"有无"标准或"高低"标准的争议。然而,单纯地探讨独创性应当采取"有无"标准或"高低"标准,其实并无多大意义。事实上,独创性的"有无"标准或"高低"标准仅仅是不同角度的文字表达而已;如果将二者置于具体情形中,则并无泾渭分明的区别。独创性的判断必然要结合创作者的贡献度,并遵循利益平衡原则。版权法作品制度的价值在于激励文学、艺术和科学领域的新成果。换言之,如果现有的人类文学、艺术和科学成果如同一座百花齐放的花园,里面有牡丹、玫瑰和海棠等各种花朵,那么,版权法的立法目的并非希望在现有的这座花园中再培育一朵玫瑰或牡丹,而是力图促使人们再培育出一株与现有花朵不一样的新品种。哪怕新培育出的花朵没有玫瑰般的娇艳欲滴,也没有牡丹般的雍容华贵,但只要有其"独特的个性",就一样会受到版权法的垂青,被给予独占性的保护。假设新培育出的这株花朵的"独特的个性值"可以用 0~100 的数字表示,且 20 以上的个性值符合了版权法上的独创性要求,那么,可以进行如下两个逻辑推理:一是 20 以上就有独创性;二是 20 以上个性值和创造值高,独创

---

❶ "北京新浪互联信息服务有限公司诉北京天盈九州网络技术有限公司案"再审判决书[北京市高级人民法院(2020)京民再 128 号民事判决书],第 35-36 页。
❷ 李扬. 浅析作品独创性的几个常见争议[N]. 中国知识产权报,2020-08-12(6).
❸ 王迁. 体育赛事现场直播画面著作权保护若干问题:评"凤凰网赛事转播案"再审判决[J]. 知识产权,2020(11):30.
❹ 北京知识产权法院(2015)京知民终字第 1818 号民事判决书、北京市高级人民法院(2020)京民再 128 号民事判决书。

性高，符合版权法独创性的要求。正如有学者举例所言："假定故事片代表个性化选择的最高等级，给 100 点；风光片次之，给 60 点；体育赛事画面，给 50 点；生日 party 录像，给 30 点；课堂教学录像（仅考虑摄制者贡献），给 10 点；绑在动物身上的摄像机录制结果，给 5 点；街头监控录像，给 2 点；数字化复制，给 0 点；等等。理论上，我们可以说，30 点以上录制结果具有独创性，也可以说，此类录制结果的个性化选择程度高，独创性高；30 点以下说无独创性，也可以说个性化选择程度低。争论这一标签究竟叫'有无'，还是'高低'，没有必要。"❶ 基于上述分析，无论是"高低"标准，还是"有无"标准，判断是否构成作品，还是需要结合具体情形，考察"选择、设计、编排及取舍"等独创性因素。当然，作品独创性的"高低"标准，确实有逻辑推理的价值，最起码将独创性理论进行了量化的表达，对于认识独创性是有价值的。

第二个问题是如何区分视听作品与录像制品。关于视听作品与录像制品在版权法上的关系与地位，《著作权法》第三次修改过程中，出现过反复。2014 年《著作权法（修订草案送审稿）》第 5 条第 12 项规定了视听作品，同时，该送审稿第三章（相关权）的第三节仅对录音制品作出制度安排。显然，其将 2010 年《著作权法》中的"电影作品和以类似摄制电影的方法创作的作品"与"录像制品"合并为"视听作品"。然而，2020 年第三次修正后的《著作权法》依然坚守视听作品与录像制品并列的二元模式，既在著作权客体条文部分规定了"视听作品"，又在第四章（与著作权有关的权利）第三节"录音录像"部分规定了"录像制品"。如前文所述，立法的变革使得"视听作品"的范围远远大于"电影作品和以类似摄制电影的方法创作的作品"。因此，在未来对《著作权法》的司法适用过程中，如何厘清视听作品与录像制品将成为一个无法回避的问题。

按照 2014 年《著作权法（修订草案送审稿）》第 5 条第 12 项之规定，

---

❶ 崔国斌. 体育赛事节目独创性分析的基本思路 [EB/OL]. (2018-06-21) [2021-05-18]. http://news.zhichanli.com/article/6484.html.

"视听作品,是指由一系列有伴音或者无伴音的连续画面组成,并且能够借助技术设备被感知的作品,包括电影、电视剧以及类似制作电影的方法创作的作品"[1]。《著作权法实施条例》将录像制品界定为"电影作品和以类似摄制电影的方法创作的作品以外的任何有伴音或者无伴音的连续相关形象、图像的录制品"。从立法逻辑上而言,视听作品与录像制品的区分在于是否符合独创性要求。视听作品符合作品的实质要件,具有一定的独创性。而录像制品则不具备著作权法所要求的独创性,但录像制作者对录像制品的制作投入了资金、技术及人力等因素,而且按照"值得复制的,就值得保护"著作权激励功能,立法给予了录像制品一定程度的专有权——"相关权"。

当然,视听作品与录像制品界限需要在未来的司法实践中不断检验与证成。视听作品的规定虽然是2020年《著作权法》的一个亮点,但并不会就此将视听作品范围的争议画上句号。事实上,近年来新型作品的司法判例引发了一系列关于作品范围的思考和争议。例如,在中国喷泉著作权纠纷第一案中,法官认为,涉案音乐喷泉不属于电影作品和以类似摄制电影的方法创作的作品(以下简称"类电作品"),亦不是"法律、行政法规规定的其他作品",应当认定为美术作品。该案的二审判决否认音乐喷泉为类电作品的主要理由是:"涉案音乐喷泉喷射效果的呈现虽然表现为连续活动的画面,但此种画面不符合'摄制在一定介质上'的摄制手段和固定方式。鉴于'摄制在一定介质上'是《实施条例》明确限定的电影作品和以类似摄制电影的方法创作的作品的构成要件,在非必要情况下,司法保持谦恭而不进行突破扩张也是法律解释应当遵循的规则。"[2] 将音乐喷泉认定为美术作品的关键理由为:"突破一般认知下静态的、持久固定的造型艺术作为美术作品的概念束缚,将涉案音乐喷泉喷射效果的呈现认定

---

[1] 需要说明的是,由于2014年《著作权法(修订草案送审稿)》将2010年《著作权法》中的"电影作品和以类似摄制电影的方法创作的作品"与"录像制品"合并为"视听作品",故从立法者角度而言,此处视听作品的概念范围实际上涵盖录像制品。

[2] 北京知识产权法院(2017)京73民终1404号民事判决书。

为美术作品的保护范畴，有利于鼓励对美的表达形式的创新发展，防止因剽窃抄袭产生的单调雷同表达，有助于促进喷泉行业的繁荣发展和与喷泉相关作品的创作革新。"❶ 从以上判决内容的措辞来看，法院将音乐喷泉认定为美术作品实际上突破了对美术作品的传统认知。事实上，这一认定结论更多地是为了激励音乐喷泉产业的发展，美术作品的认定或许只是实现这一司法目的的铺垫。鉴于此，有理由相信，如果未来再出现类似音乐喷泉的著作权纠纷案，司法裁判者或许将类似喷泉认定为视听作品，以使得判决更具有说理性。

3. 开放保护范围，体现立法前瞻

2020年《著作权法》对作品的范围采取了开放式的制度安排，将2010年《著作权法》实行的"作品类型法定"模式改成了"作品类型开放"模式。2010年《著作权法》第3条列举了作品的类型，最后一项兜底性地规定了"法律、行政法规规定的其他作品。"2020年《著作权法》删除了"法律、行政法规的规定"这一前置性的限定，修改为"符合作品特征的其他智力成果"。换言之，只要其他智力成果符合作品的特征要求（文学、艺术和科学领域内；独创性；能以一定形式表现）就能够认定为作品。显然，2020年《著作权法》开放了作品的范围。

2020年《著作权法》之所以进行开放作品范围的制度安排，主要目的在于顺应技术发展和文化繁荣的趋势，也可以在一定程度上满足相关产业的利益诉求，为未来出现的新型表达形式预留立法空间。众所周知，成文法强调的立法稳定性必然带来两个局限性：不周延性和滞后性。立法者很难通过规则设计穷尽社会经济社会中的所有现象和问题，更难以对未来的不确定事物进行制度安排。因此，从加强立法的前瞻性角度而言，2020年《著作权法》无疑对新型文学、艺术和科学作品有很大的包容性，具有鲜明的时代特征和积极意义。

需要注意的是，在未来的司法适用过程中，应当对"作品类型开放"

---

❶ 北京知识产权法院（2017）京73民终1404号民事判决书。

的立法模式采取较为审慎的态度。理由在于，版权是一种绝对权（也叫对世权）和"垄断权"。如果一种非典型的智力成果表达形式按照兜底性条款被认定为新型作品，则必然意味着在《著作权法》适用的过程中在八种法定作品类型之外又增加了一类新作品。如此一来，不特定的社会公众必须尊重这一新作品的版权，否则，就会陷入侵权的泥沼。事实上，《著作权法》规定的八种作品类型基本上涵盖现实生活中绝大多数值得保护的智力成果表达形式。《伯尔尼公约》第2条第1款也详细列举了各类作品❶，同时也有兜底性条款，即"文学、科学和艺术领域内的一切成果，不论其表现形式或方式如何"。但研究《伯尔尼公约》的权威著作《国际版权和邻接权——伯尔尼公约及公约以外的新发展》（第二版）更是认为："未被（《伯尔尼公约》第2条第1款）列出，但理论上可能属于第2条第1款中'文学或艺术作品'的情形，在现实中几乎不存在。"❷ 因此，司法适用过程中按照兜底性条款对新作品进行认定，应秉持审慎的态度和遵循版权法的利益平衡原则。

4. 规定"单纯事实消息"，科学界定作品排除类型

版权法的排除领域是科学划定版权私权领域与公共领域的分水岭，也是利益平衡原则的立法体现和制度安排。对此，2020年《著作权法》将"时事新闻"修改为"单纯事实消息"。"单纯事实消息"扩大了原先"时事新闻"的范围，准确界定了这一排除领域的核心，囊括了包括时事新闻在内的多种不适用《著作权法》的表现形式，例如在微信朋友圈、微博及各类网络论坛和社区等网络环境中披露的事实消息。"单纯事实消息"不

---

❶《伯尔尼公约》第2条第1款规定："'文学和艺术作品'一词包括文学、科学和艺术领域内的一切作品，不论其表现形式或方式如何，诸如书籍、小册子和其他文字作品；讲课、演讲、讲道和其他同类性质作品；戏剧或音乐戏剧作品；舞蹈艺术作品和哑剧作品；配词或未配词的乐曲；电影作品和以类似摄制电影的方法表现的作品；图画、油画、建筑、雕塑、雕刻及版画；摄影作品和以类似摄影的方法表现的作品；实用美术作品；插图、地图；与地理、地形、建筑或科学有关的插图、地图、设计图、草图及立体作品。"

❷ 转引自：王迁.《著作权法》修改：关键条款的解读与分析：上[J]. 知识产权，2021（1）：23.

具有独创性，无论其表现形式为何，均不构成作品，不适用《著作权法》。

2.4.2 调整权利内容 满足产业诉求

《著作权法》第三次修改从两个方面对复制权、出租权、广播权和信息网络传播权等四项权利进行了优化与调整。

1. 合理扩张广播权，规制网络直播侵权乱象

2010年《著作权法》第10条第1款第11项规定了广播权，即"以无线方式公开广播或者传播作品，以有线传播或者转播的方式向公众传播广播的作品，以及通过扩音器或者其他传送符号、声音、图像的类似工具向公众传播广播的作品的权利"。2020年《著作权法》第10条第1款第11项将广播权的权利范围作出了如下调整："即以有线或者无线方式公开传播或者转播作品，以及通过扩音器或者其他传送符号、声音、图像的类似工具向公众传播广播的作品的权利，但不包括本款第12项规定的权利"。

显然，2020年《著作权法》使用"以有线或者无线方式"这一典型的技术中立的词汇，扩大了广播权的适用范围。换言之，将广播权的适用范围从"无线广播+以有线或无线方式转播"扩大为"以有线或无线方式公开传播或转播"。如此一来，"以有线或者无线方式公开传播或者转播作品"的规则设计实际上能够将通过网络电视或者互联网的"网络直播"行为纳入广播权的规制范围。这一修改无疑具有积极的进步意义，理由有以下四个。

一是2010年《著作权法》中规定的广播权并未反映互联网时代大量的通过互联网技术进行的网络直播行为。正如学者所言："其中涉及的有线传播仅限于对无线电传播的有线转播，并不包括有线电视台直接通过有线电缆进行的传播，也不包括'网络电台''网络电视台'按照预定的节目时间表通过互联网进行的'网播'。"❶ 因此，面对网络直播的侵权案件，

---

❶ 王迁.《著作权法》修改：关键条款的解读与分析：上[J]. 知识产权，2021（1）：25.

权利人只能通过适用兜底性条款——"应当由著作权人享有的其他权利"或《反不正当竞争法》来主张权益。

二是广播权的扩张使普遍存在的网络"非交互式"传播行为落入广播权的规制范围，利于预防、打击网络直播行业的侵权乱象。通过此次修法，不论是体育赛事网络实时转播、网络直播、网络定时播放抑或是网络主播未经许可翻唱、挂播他人作品的行为，均可以依法对其进行规制。❶

三是广播权的扩张使其能够规制网络非交互式传播行为，同时，信息网络传播权主要规制网络交互式传播行为。如此一来，通过"广播权+信息网络传播权"的制度设计，能够将所有的"交互式+非交互式"网络传播行为全部纳入著作权法调整范围。《著作权法》第三次修改后，我国著作权权利体系得以优化，有利于建立良性的互联网作品传播秩序。

四是明确划定了广播权与信息网络传播权的界限。《著作权法》第10条第1款第11项从正面规定了广播行为的外延，并在该项增加了但书内容："但不包括本款第十二项规定的权利。"❷ 这样一来，广播权与信息网络传播权的界限更为清晰，便于法律规则在司法实践中的适用。

事实上，2020年《著作权法》对广播权的制度设计是对WCT"向公众传播权"❸的国内法转化。其立法旨趣在于，将"交互式"与"非交互式"的各类网络传播行为纳入著作权法的调整范畴，进而填补广播权与信息网络传播权之间存在的真空地带（"非交互式"网络直播），最终增强对权利人的保护力度，建构良性的互联网作品传播秩序。

2. 优化信息网络传播权，为规制深层链接行为提供制度空间

2010年《著作权法》第10条第1款第12项规定了信息网络传播权，

---

❶ 孙玉荣，李贤. 解读新著作权法修改四大亮点［EB/OL］.（2020-11-19）［2020-11-19］. https://mp.weixin.qq.com/s/k4K9i9IPfuj1s4SPHah2eA.

❷ 《著作权法》第10条第1款第12项规定："信息网络传播权，即以有线或者无线方式向公众提供，使公众可以在其选定的时间和地点获得作品的权利;"

❸ WCT第8条（向公众传播的权利）规定："……文学和艺术作品的作者应享有专有权，以授权将其作品以有线或无线方式向公众传播，包括将其作品向公众提供，使公众中的成员在其个人选定的地点和时间可获得这些作品。"

即"以有线或者无线方式向公众提供作品，使公众可以在其个人选定的时间和地点获得作品的权利"。2020年《著作权法》第10条1款第12项删除上述条文的部分词汇，即删除了前半句的"作品"一词和后半句的"个人"一词，最终将信息网络传播权的概念作出了如下优化，即"以有线或者无线方式向公众提供，使公众可以在其选定的时间和地点获得作品的权利"。

笔者认为，信息网络传播权概念的优化或能为著作权法规制视频聚合平台的深层链接行为提供一种可行的制度空间。

深层链接作为链接方式的一种，被广泛应用于互联网领域。从技术上而言，网络链接可分为"普通链接"和"深层链接"两种类型。深层链接（deep-link），又称内链、深度链接，是指设链网站所提供的链接服务使得用户在未脱离设链网站页面的情况下，即可获得被链接网站上的内容。此时页面地址栏里显示的是设链网站的网址，而非被链接网站的网址。但该内容并非储存于设链网站，而是储存于被链接网站。简而言之，设链者以自己的网页外观形式呈现其他网页所拥有的实质内容，并且对于这些内容，设链者并没有在服务器上储存下来，只是提供指引作用。❶

由此可见，利用深层链接技术进行作品传播，设链者并未向公众实实在在地提供作品，而是通过深层链接"通道"将网络用户的浏览路径引到被链接网站。如果按照2010年《著作权法》中关于信息网络传播权的规定，设立深层链接的网站自然并未构成对作品的信息网络传播，因为该网站事实上并未向公众提供作品。但依据2020年《著作权法》中信息网络传播权的制度设计❷，该行为无疑构成对作品的信息网络传播。因此，2020年《著作权法》事实上优化和扩大了信息网络传播权的范围，将深层链接行为纳入著作权法的控制范围，为著作权法规制视频聚合平台的深层链接行为提供一种可行的制度空间。

---

❶ 参见百度百科中对深层链接技术的介绍。

❷ 如前文所述，相比2010年《著作权法》，2020年《著作权法》中的信息网络传播权条款未使用"作品"二字，使得向公众提供的范围变得更大，更具有弹性。

2.4.3 优化权利限制　顺应公益需求

利益平衡向来是《著作权法》追求的价值目标和宗旨，而权利限制规则是实现权利人、作品使用人及社会公众之间利益平衡的"调节器"。2020年《著作权法》参照国际立法经验，引入"三步检验法"，优化了合理使用制度，并对法定许可制度进行了调整。

1. 将"三步检验法"纳入著作权合理使用制度

2010年《著作权法》第22条第1款规定："在下列情况下使用作品，可以不经著作权人许可，不向其支付报酬，但应当指明作者姓名、作品名称，并且不得侵犯著作权人依照本法享有的其他权利……"2020年《著作权法》第24条第1款规定："在下列情况下使用作品，可以不经著作权人许可，不向其支付报酬，但应当指明作者姓名或者名称、作品名称，并且不得影响该作品的正常使用，也不得不合理地损害著作权人的合法权益……"

显然，2020年《著作权法》将《著作权法实施条例》第21条❶已然确立的"三步检验法"正式上升并纳入合理使用条款。"三步检验法"是被《伯尔尼公约》、WCT及TRIPS广为认可和接纳的著作权限制规则。所谓"三步检验标准"，即在某些特殊情况下，不与作品的正常使用相冲突，也没有不合理地损害权利持有人的合法利益。满足上述"三步检验标准"则可以对作品进行合理使用。

2. 进一步优化了合理使用的法定情形

《著作权法》第三次修改根据现实需求和司法实践，对合理使用的具体情形作出了进一步优化和调整。

---

❶ 《著作权法实施条例》第21条规定："依照著作权法有关规定，使用可以不经著作权人许可的已经发表的作品的，不得影响该作品的正常使用，也不得不合理地损害著作权人的合法利益。"

一是扩大了为课堂教学与科学研究而免费使用作品的范围。将2010年《著作权法》第22条第1款第6项内容"为学校课堂教学或者科学研究,翻译或者少量复制已经发表的作品,供教学或者科研人员使用,但不得出版发行"修改为"为学校课堂教学或者科学研究,翻译、改编、汇编、播放或者少量复制已经发表的作品,供教学或者科研人员使用,但不得出版发行"。显然,此次修改拓展了为课堂教学与科学研究而免费使用作品的方式,将改编、汇编、播放也纳入合理使用范畴。

二是明确了免费表演的范畴。2020年《著作权法》第24条第1款第9项规定为"免费表演已经发表的作品,该表演未向公众收取费用,也未向表演者支付报酬,且不以营利为目的"。该条款的修改进一步明确了免费表演是"双重免费",并增加了"不以营利为目的"限制性条件。需要说明的是,"不以营利为目的"是对"双重免费"的进一步限制。例如,某咖啡馆经营者自己在咖啡馆弹钢琴,该行为是对音乐作品的演奏(表演),未向观众额外收取费用,也不存在向演奏者支付报酬的情形。那么,在这种情况下,未经音乐作品著作权人许可而演奏其作品的行为是侵权行为还是合理使用?显然,按照2020年《著作权法》,此种情况无法构成合理使用。原因在于,"不以营利为目的"应当作广义解释,并非仅指直接收取费用。事实上,在上述情况下,如果两家咖啡馆在地理位置、饮品质量及店内环境大致相当,那么,钢琴演奏自然成为吸引顾客的手段,也自然会增加咖啡馆的营业收入。因此,2020年《著作权法》明确并限定了免费表演的范畴,能够进一步统一司法裁判标准。

三是将2010年《著作权法》第22条第1款第12项内容"将已经发表的作品改成盲文出版"修改为"以阅读障碍者能够感知的无障碍方式向其提供已经发表的作品"。这一修改的主要目的在于为我国批准《关于为盲人、视力障碍者或其他印刷品阅读障碍者获得已出版作品提供便利的马拉喀什条约》(以下简称《马拉喀什条约》)作准备。2016年9月生效的《马拉喀什条约》要求各国规定对权利的限制或例外,以便制作无障碍格式版,向盲人、视力障碍者或其他印刷品阅读障碍者提供。

3. 在一定程度上开放了合理使用规则的适用范围

2010年《著作权法》的合理使用规则采用了封闭的立法模式，只规定了适用合理使用的12种具体情形。2020年《著作权法》第24条第1款增加了兜底性条款，即"（十三）法律、行政法规规定的其他情形"。这一修改增强了立法的灵活性，在一定程度上开放了合理使用规则的适用范围。

2.4.4 重构权利归属 激励文艺创新

《著作权法》第三次修改对视听作品、合作作品及职务表演等著作权的权利归属制度进行了重新安排，其目的在于激励文学、艺术和科学作品的涌现和繁荣。

1. 视听作品著作权归属的"二元模式"

2020年《著作权法》第17条将视听作品分为电影作品、电视剧作品和其他视听作品。基于此种类型划分，视听作品的著作权归属采用了"二元模式"。一是电影作品、电视剧作品的著作权由制作者享有，但编剧、导演、摄影、作词、作曲等作者享有署名权，并有权按照与制作者签订的合同获得报酬。二是其他视听作品的著作权归属由当事人约定；没有约定或者约定不明确的，由制作者享有，但作者享有署名权和获得报酬的权利。该条同时规定，视听作品中的剧本、音乐等可以单独使用的作品的作者有权单独行使其著作权。

显然，对于电影作品、电视剧作品，立法采用权利归属的法定原则；而对于其他视听作品，立法则采用权利归属的约定优先原则。立法者认为，视听作品著作权归属的制度设计考虑到了英美法系和大陆法系著作权立法的不同经验，"兼顾和平衡了各个主体的利益，融合了域外的两种立法模式，与国际条约的精神也不冲突"[1]。然而，学界对于视听作品著作权

---

[1] 石宏. 著作权法第三次修改的重要内容及价值考量［J］. 知识产权, 2021（2）: 7.

归属的"二元模式"表现出诸多担忧和质疑：一是如何准确区分电影作品、电视剧作品和其他视听作品，它们的界限到底在哪里，司法裁判中的具体区分标准是什么；二是如何保障"其他视听作品"的著作权交易安全。此类视听作品的著作权归属采用约定优先原则，因此，第三人并不清楚其著作权究竟归属于哪个合作者，由此带来了著作权交易的法律风险。❶

2. 合作作品的著作权归属

立法上将合作作品区分为可以分割使用的合作作品和不可以分割使用的合作作品。基于上述类型划分，2020年《著作权法》吸纳了《著作权法实施条例》中有关合作作品的著作权归属规则，明确了合作作品的著作权归属规则。一是合作作品可以分割使用的，作者对各自创作的部分可以单独享有著作权，但行使著作权时不得侵犯合作作品整体的著作权。二是合作作品的著作权由合作作者通过协商一致行使；不能协商一致，又无正当理由的，任何一方不得阻止他方行使除转让、许可他人专有使用、出质以外的其他权利，但是所得收益应当合理分配给所有合作作者。

相较于2010年《著作权法》和《著作权法实施条例》，2020年《著作权法》对合作作品的调整主要表现为转让、许可他人专有使用、出质这三种行为需要经得其他合作者同意。究其原因在于，专有使用和出质会引起权利的转移和变动，为维护合作者的权益，此次修改将转让、许可他人专有使用和出质三种行为并列，要求合作作者通过协商一致行使。

3. 职务作品的著作权归属

2020年《著作权法》新增加了一类特殊职务作品，即"报社、期刊社、通讯社、广播电台、电视台的工作人员创作的职务作品"❷。

如果按照2010年《著作权法》关于职务作品的规定，报社、期刊社、通讯社、广播电台、电视台的工作人员创作作品时基本上不会达到"主要是利用法人或者其他组织的物质技术条件创作"的程度。换言之，工作人

---

❶ 王迁.《著作权法》修改：关键条款的解读与分析：下 [J]. 知识产权，2021（2）：20.
❷ 详见2020年《著作权法》第18条。

员创作作品所依赖的物质技术条件具有很强的可替代性，并非必须使用法人或其他组织提供的物质技术条件才能完成创作。因此，依据2010年《著作权法》，此类作品虽属于职务作品，但著作权由作者享有。

2020年《著作权法》新增加这类特殊职务作品，可以使报社、期刊社、通讯社、广播电台、电视台获得著作权中的财产性权利。如此一来，便于对此类职务作品的市场化运营和集中性维权。

4. 职务表演的权利归属

2020年《著作权法》第40条规定："演员为完成本演出单位的演出任务进行的表演为职务表演，演员享有表明身份和保护表演形象不受歪曲的权利，其他权利归属由当事人约定。当事人没有约定或者约定不明确的，职务表演的权利由演出单位享有。职务表演的权利由演员享有的，演出单位可以在其业务范围内免费使用该表演。"

相较于2010年《著作权法》和《著作权法实施条例》，2020年《著作权法》关于职务表演的实质性修改主要体现为如下两方面。一是明确演员为表演者。《著作权法实施条例》将"表演者"定义为"演员、演出单位或者其他表演文学、艺术作品的人"。从比较法的角度来看，有关著作权的国际条约都将表演者定义为自然人。《罗马公约》将"表演者"定义为"演员、歌唱家、音乐家、舞蹈家和表演、歌唱、演说、朗诵、演奏或以别的方式表演文学或艺术作品的其他人员"。WPPT和《视听表演北京条约》均将表演者定义为"演员、歌唱家、音乐家、舞蹈家以及对文学或艺术作品或民间文学艺术表达进行表演、歌唱、演说、朗诵、演奏、表现或以其他方式进行表演的其他人员"。《著作权法》第三次修改回归表演者的本义，将演出单位排除在表演者之外，使立法逻辑更符合社会基本常识。《著作权法实施条例》之所以将演出单位也纳入表演者的范畴有其历史背景。当前，演出市场已经是充分竞争的自由市场，因此，立法将表演者规定为演员是符合基本规律和市场状况的。二是规定职务表演的权利归属以"意思自治"为优先。除"表明身份和保护表演形象不受歪曲的权利"之外，其他权利归属由演员与演出单位约定。演员与演出单位没有约定或者约定不明确的,职务表演的权利由演出单位享有。职务表演的权利由演员享有的,演出单位可以在其业务范围内免费使用该表演。

2.4.5 重塑赔偿规则 强化权利保护

2020年《著作权法》在调整损害赔偿计算方法的适用顺序、引入权利使用费作为损害赔偿额计算的参照、确立惩罚性赔偿规则、提高法定赔偿额及增加侵权复制品的销毁处置机制五个方面重塑了著作权侵权赔偿规则。

1. 调整损害赔偿计算方法的适用顺序

2010年《著作权法》规定的损害赔偿计算顺序是"实际损失—违法所得—裁量性赔偿"。❶ 2020年《著作权法》将前述顺序进行了调整,即"侵权人应当按照权利人因此受到的实际损失或者侵权人的违法所得给予赔偿",也就是说,权利人可以在权利人的实际损失或者侵权人的违法所得两种方式中进行选择。显然,这样调整更有利于权利的利益保护,权利人可以自行选择更有利于其自身利益的赔偿数额计算方法。

2. 引入权利使用费作为损害赔偿额计算的参照

2020年《著作权法》第54条中规定,权利人的实际损失或者侵权人的违法所得难以计算的,可以参照该权利使用费给予赔偿。权利使用费作为损害赔偿额的引入,"有利于减轻权利人的举证负担,在权利人无法举证自己遭受的损失或侵权人违法所得的情况下,可以证明相关产品在市场中的版权许可使用价格作为赔偿数额"❷。

---

❶ 2010年《著作权法》第49条规定:"侵犯著作权或者与著作权有关的权利的,侵权人应当按照权利人的实际损失给予赔偿;实际损失难以计算的,可以按照侵权人的违法所得给予赔偿。赔偿数额还应当包括权利人为制止侵权行为所支付的合理开支。权利人的实际损失或者侵权人的违法所得不能确定的,由人民法院根据侵权行为的情节,判决给予五十万元以下的赔偿。"

❷ 石宏. 著作权法第三次修改的重要内容及价值考量 [J]. 知识产权,2021(2):11.

3. 确立惩罚性赔偿规则

2020 年《著作权法》第 54 条中规定，对故意侵犯著作权或者与著作权有关的权利，情节严重的，可以在按照上述方法确定数额的 1 倍以上 5 倍以下给予赔偿。事实上，《著作权法》中确立惩罚性赔偿责任，一是为了增加侵权违法成本，强化权利保护力度；二是与《民法典》中知识产权惩罚性赔偿制度衔接。《民法典》第 1185 条规定："故意侵害他人知识产权，情节严重的，被侵权人有权请求相应的惩罚性赔偿。"

4. 提高法定赔偿额

2020 年《著作权法》第 54 条中规定，权利人的实际损失、侵权人的违法所得、权利使用费难以计算的，由人民法院根据侵权行为的情节，判决给予 500 元以上 500 万元以下的赔偿。《著作权法》第三次修改将法定赔偿额上限从 50 万元提高到 500 万元，并增加了法定赔偿额的下限（500元），进一步增加了侵权违法成本，强化了著作权的保护。

5. 增加侵权复制品的销毁处置机制

2020 年《著作权法》第 54 条中规定，人民法院审理著作权纠纷案件，应权利人请求，对侵权复制品，除特殊情况外，责令销毁；对主要用于制造侵权复制品的材料、工具、设备等，责令销毁，且不予补偿；或者在特殊情况下，责令禁止前述材料、工具、设备等进入商业渠道，且不予补偿。

2.5 欧盟《数字单一市场版权指令》中的版权许可规则

自 2016 年 9 月 14 日欧盟委员会发布《数字单一市场版权指令》(*Directive on Copyright in the Digital Single Market*，以下简称欧盟《版权指令》)

的草案以来，历经长达两年多的磋商与谈判，2019年3月26日，该指令的最终稿在欧洲议会获得通过。2019年4月15日，欧盟《版权指令》在欧盟理事会以71.26%的比率通过，最终投票结果为19个成员国支持、6个成员国反对、3个成员国弃权。成员国有义务在2年内依次将欧盟《版权指令》内容通过国内立法进行转化。❶

欧盟《版权指令》主要涉及八个方面的内容：①第3~6条规定了四项新的版权例外（合理使用）情形，比如文本与数据挖掘的版权例外；②第8~11条规定了非流通（out-of-commerce）作品的使用保护；③第12条规定了延伸性集体管理制度，旨在解决交易成本问题，促进作品许可；④第13条针对流媒体平台上的视听作品许可问题，提出通过中立机构或调解人来促进此类许可；⑤第14条明确了公有领域的视觉艺术作品的使用问题，即除非衍生自公有领域的视觉艺术作品具有独创性，否则不能获得保护；⑥第15条规定了新闻邻接权；⑦第17条规定了在线内容分享平台（online content sharing service provider）的特殊责任机制；⑧第18~23条规定了作品、表演开发利用合同中对作者、表演者的保护，包括公平合理报酬、透明度义务、合同调整机制、作者和表演者的撤销权等机制。❷

欧盟《版权指令》第15条和第17条是欧盟此次版权法改革的核心，在立法过程中引发巨大争议。第15条赋予新闻出版商新的邻接权，要求新闻聚合等在线平台为使用新闻出版物（包括其中的片段）的行为而向新闻出版商付费，但排除了对私人或非商业使用、超链接、非常简短摘录（包括个别字词）等情形的适用。然而，德国、西班牙的先例表明，这项邻接权缺乏理论和经验根据，可能显著影响新闻网站的流量和收入，在作为新闻生产者的新闻出版商和作为新闻传播者的互联网平台之间造成零和局

---

❶ 欧盟《数字单一市场版权指令》争议条款解读［EB/OL］.（2019-04-22）［2021-05-18］. https：//www.163.com/dy/article/EDC7GOE00518JHF3.html.

❷ 曹建峰，史岱汶. 欧盟《单一数字市场版权指令》中译本［EB/OL］.（2019-04-18）［2021-05-18］. https：//www.sohu.com/a/307290216_455313.

面。❶ 第 17 条提出新的责任机制，将在线内容分享平台定性为向公众传播行为而非宿主服务。按此，此类平台需要积极履行授权寻求义务（尽最大努力与权利人达成许可协议，取得其授权）和版权过滤义务（对于权利人事先提供了相关必要信息或发出充分实质通知的作品，尽最大努力阻止其出现在平台上并阻止将来上传）。这意味着平台不承担一般监控义务，以权利人提供的作品信息为前提。这一规定主要针对视听内容（音乐、视频等）分享平台。

值得注意的是，欧盟《版权指令》从扩张权利限制与例外、强化网络服务商的审查义务及改善授权许可实践等方面作出了契合产业发展和技术变革的积极回应。

2.5.1　扩张权利限制与例外的适用范围

对权利限制与例外的扩张实际上是扩大了合理使用的范围。欧盟《版权指令》从如下三个方面扩展了限制与例外的适用范围。①以科学研究为目的的文本和数据挖掘❷的例外。欧盟《版权指令》第 3 条第 1 款规定："成员国应当规定，科研机构和文化遗产机构为科学研究目的进行文本和数据挖掘，对其合法获取的作品或其他内容进行复制与提取的行为，属于96/9/EC 指令第 5 条（a）项与第 7 条第 1 款、2001/29/EC 指令第 2 条以及本指令第 15 条第 1 款所规定的权利的例外。"②在跨国境教学活动中数字作品的例外。❸ 技术的进步使得教学这一原本局限在特定地点进行的行为不再受到限制，越来越多的教学机构通过互联网得以向千里之外的人们提供

---

❶ 曹建峰，史岱汶. 欧盟《单一数字市场版权指令》中译本［EB/OL］.（2019 - 04 - 18）［2021 - 05 - 18］. https：//www. sohu. com/a/307290216_455313.

❷ 欧盟《版权指令》第 2 条中规定，"文本和数据挖掘"是指任何旨在分析数字形式的文本和数据的自动 分析技术，以便生成包括但不限于模型、趋势、相关性等在内的信息。

❸ 欧盟《版权指令》第 5 条："……以允许在实现非商业目的正当限度内，为教学说明这一单纯目的而对作品或其他内容进行数字化使用，只要该使用：（a）在教育机构负责的教育场地或其他场所，或通过只有教育机构的学生，或学生和教学人员才能进入的安全电子环境进行；（b）附有包括作者姓名的来源说明，除非事实上无法做到。……"

需要的教学资源。由于在线教育不同于传统的课堂，知识的传播不限定在一间教室内有限的学生，而是依托互联网，学生可以随时随地进行学习。若对其受益范围不加限制，将对权利人的合法权利造成损害。因此，为了平衡权利人和社会公众的利益，欧盟《版权指令》第5条第1款（a）项强调在线教育机构必须承诺或者通过可靠的电子环境作出保证只有该机构的学生和教师才能够访问教学页面。❶ ③为保存文化遗产目的进行复制的例外。欧盟《版权指令》第6条规定："成员国应当规定，为保存作品或其他内容的目的，以及在此项保存的必要范围内，文化遗产机构以任何格式或媒介复制任何由其永久收藏的作品或其他内容，属于……所规定的权利的例外。"

2.5.2　强化网络服务商的审查义务

互联网内容共享平台催生了大量的用户生成内容（user-generated content），其中多为二次创作内容，牵涉受版权保护作品的保护问题。❷ 欧盟《版权指令》第17条第1款首次为网络服务商❸设定了上传前审查的义务，要求网络服务商在发布用户上传的内容前，就其中涉及的受版权保护的作品得到作者的授权。❹

不难发现，在欧盟《版权指令》的制度框架下，一旦用户上传内容存在侵犯版权的现象，网络服务提供商将承担侵权责任。事实上，这一规定大幅度提高了网络服务商的注意义务，对网络服务商的人力和技术提出了

---

❶ 欧盟《数字单一市场版权指令》争议条款解读［EB/OL］.（2019-04-22）［2021-05-18］. https：//www.163.com/dy/article/EDC7GOE00518JHF3.html.

❷ 欧盟《数字单一市场版权指令》争议条款解读［EB/OL］.（2019-04-22）［2021-05-18］. https：//www.163.com/dy/article/EDC7GOE00518JHF3.html.

❸ 需要说明的是，此处的"网络服务商"在欧盟《版权指令》中的名称为"在线内容分享服务提供者"（online content sharing service provider）。

❹ 欧盟《版权指令》第17条（在线内容分享服务提供者对受保护内容的使用）第1款规定："成员国应当规定，在线内容分享服务提供者允许公众访问其用户上传的版权作品或其他受保护内容的，其实施了本指令意义上的向公众传播或向公众提供行为。在线内容分享服务提供者须根据2001/29/EC指令第3条第1款和第2款向权利人取得授权，例如通过签订许可协议获得授权，以便向公众传播或向公众提供作品和其他内容。"

更高的要求，实际上压缩了传统的"避风港"规则的适用范围。不过，欧盟能通过如此之高的网络服务商注意义务设置也与其网络技术发展水平相适应。显然，单纯依靠人力进行版权侵权的审查与过滤自然是不切实际的。网络服务商可以通过运用一定的技术措施进行筛查，"如内容识别技术（content recognition technology）。该技术通过将传感器提取的文本、音频及视频中的标识性信息与内容识别服务器中的内容进行匹配，确定目标内容是否对版权保护作品构成侵权"❶。

2.5.3 改善授权许可实践

欧盟《版权指令》第3章专门针对版权许可交易进行了统一的规则设计。该部分主要包括如下四方面的内容：非流通的作品和其他内容的授权使用，促进集体许可的措施，视频点播平台上提供、获取视听作品，公共领域的视觉艺术作品。

关于非流通的作品和其他内容的授权使用，欧盟《版权指令》设计了集体管理组织与文化遗产机构的授权机制。其第8条规定，集体管理组织根据权利人授权，可以与文化遗产机构❷缔结非商业目的的非排他性许可，以便复制、发行、向公众传播或向公众提供由该机构永久保存的非流通作品或其他内容，不论所有涵盖在该许可中的权利人是否都已授权该集体管理组织。但是，以上行为需要满足两个条件：一是基于其授权，集体管理组织充分代表了相关类型作品或其他内容的权利人，以及该集体许可涉及的权利；二是保证所有权利人在许可条款方面享有平等待遇。

关于促进集体许可的措施，欧盟《版权指令》设计了延伸性集体许可

---

❶ 欧盟《数字单一市场版权指令》争议条款解读［EB/OL］.（2019-04-22）［2021-05-18］. https://www.163.com/dy/article/EDC7GOE00518JHF3.html.

❷ 根据欧盟《版权指令》第2条，"文化遗产机构"是指可公开进入的图书馆或博物馆，档案馆或电影、音频遗产机构。

的授权机制。首先，延伸性集体许可有明确界定的适用领域，即由于使用方式的性质或是作品或其他内容的类型，从个别基础上获得权利人的授权通常是繁重且不切实际的，从而使得所需的许可交易不太可能实现，并且应确保此类机制保障权利人的合法利益。其次，延伸性集体管理的条件是集体管理组织根据其权利人的授权，就作品或其他内容的开发利用订立了许可协议。最后，在满足上述适用领域和条件后，集体管理组织对作品的利用可延伸适用于没有通过协议、许可或其他合同性协议授权该集体管理组织的权利人的权利。此外，就上述签订的许可协议而言，如果某一集体管理组织具有法定授权，或被推定为代表未对该组织进行相应授权的权利人，则该集体管理也可以进行延伸性集体许可。❶

关于视频点播平台上提供、获取视听作品，欧盟《版权指令》设计了专门的协商机制。其第13条规定："成员国应确保，为在视频点播服务上提供视听作品而寻求达成协议的各方当事人在面临与权利许可有关的困难时，可以寻求中立机构或调解人的协助。该中立机构（成员国为本条目的设立或指定的机构）和调解人应协助各方当事人进行协商，并协助其达成协议，包括在适当情形下向各方提交建议书。"

关于公共领域的视觉艺术作品，欧盟《版权指令》第14条明确规定："成员国应当规定，当视觉艺术作品的保护期限届满时，因该作品复制行为而产生的任何材料不受版权或相关权利的限制，除非该复制行为产生的材料是原创的，即该材料是作者自己的智力创造。"

---

❶ 参见欧盟《版权指令》第12条。

第3章 利益分歧与交易成本：互联网环境下版权许可制度的困境

互联网传播技术的广泛应用对版权制度的影响全面而深刻。一方面，传播成本的大幅度降低导致传统传播者（出版商、广播电视组织等）逐渐丧失了文化市场的控制地位和能力。事实上，互联网传播的高效便捷使得每个人都可以成为作品的传播者，打破了产业投资者对文化传播市场的行业垄断。另一方面，版权人希冀能从每一次作品的利用、传播中都获益，然而，现实情况是互联网的开放性和交互性使得版权人常常是一厢情愿。面对此局面，版权人转而采取私力救济，通过版权技术保护措施，防止他人未经许可使用、复制和传播其作品。而版权技术保护措施在保护版权利益的同时也存在架空合理使用等版权限制制度的危险。互联网产业与版权产业在利益诉求上的分歧给版权法带来的冲击前所未有。鉴于此，有必要厘清互联网传播技术对版权制度的具体影响，从而发现和检讨版权许可在网络环境下的制度困境。

3.1 冲突与矛盾：互联网的共享性与版权的专有性

人类进入20世纪以来，DNA技术、新材料技术、新能源技术及现代制造技术等诸多科技成果层出不穷,给经济社会发展带来了显著变革和创新。这其中尤以互联网技术对社会经济发展的影响最为重大。毋庸置疑,互联网正在改变传统产业形态和商业模式。互联网与各个产业的融合能够释放出史无前例的创造力和生产力。与此同时,互联网技术的大规模应用正在对作为上层建筑的知识产权法体系提出深刻的挑战。相较于专利权和商标权等知识产权,版权与互联网技术的联系无疑最为紧密,互联网开放、交互与共享的本质属性与版权天生具有的专有性本质上是冲突的。作为上层建筑的版权法自然应当面对、因应和调和这种冲突。研判互联网技术的本质属性是变革和创新版权制度的前提和基础。

3.1.1 开放、交互与共享:互联网的精髓

互联网技术肇始于 20 世纪 60 年代美国启动的 ARPANET 项目❶,而万维网(World Wide Web,WWW)的诞生则使得人类的传播媒介发生了翻天覆地的变化,人们可以在全球范围内借助互联网进行史无前例的信息检索与交流。❷ 根据中国互联网络信息中心于 2015 年 7 月发布的《第 36 次中国互联网络发展状况统计报告》,截至 2015 年 6 月,中国网民规模达 6.68 亿,互联网普及率达到 48.8%。❸ 互联网的特点可以用数字性、技术性和全球性等词汇来描述,但决定这些表面特征的则是互联网的本质属性,即开放性、交互性和共享性。

(1)开放性。互联网的开放性的技术基础是 TCP/IP 协议。在 TCP/IP

---

❶ 从一定意义上而言,互联网的出现实际上是 20 世纪 60 年代"冷战"的产物,是美国为赢得战争而力图保持技术领先的结果。1969 年,美国国防部高级研究计划管理局(Advanced Research Projects Agency,ARPA)开始启动一个命名为 ARPANET 的网络,阿帕网(ARPA)由此成为现代互联网的雏形。

❷ 1989 年,Tim Berners-Lee 提出了构建信息管理系统计划,促使了万维网的诞生。

❸ 详见:中国互联网络信息中心. 第 36 次中国互联网络发展状况统计报告 [EB/OL].(2015-08-20)[2021-05-18]. http://www.cnnic.net.cn/hlwfzyj/hlwxzbg.

第3章 利益分歧与交易成本：互联网环境下版权许可制度的困境

网络架构下，任何一个网络终端只要使用相同的技术标准，就可以参与互联网的信息传播和分享。从理论上而言，互联网在此技术架构下可以容纳无限量的计算机终端。换言之，用户可以利用计算机、手机和网络电视等各种终端设备在任何地方接入互联网，发布、传播信息并进行个性化的网络应用。事实上，开放性是互联网应用的技术基础。正是互联网技术的开放性属性使得形式多样的互联网应用超越了地域和国界的限制，形成全球范围内的信息生产、传播和分享的信息格局。

（2）交互性。不同于传统媒体单向信息传播模式，互联网的信息传播呈现出多方参与、无中心式的交互传播特点。所谓交互性，是指互联网信息参与者之间可以进行双方向或多方向的交流与互动。在广播、电视、报刊等传统媒体环境下，信息的传播与交流方式多数是单方向的，即信息发布者作为传播中心向信息接受者（公众）发布信息，而公众之间很难进行有效、及时的信息交换与分享。互联网技术的大规模应用为信息的传播与分享提供了一个开放、无差别的平台，任何互联网参与者都可以在网络平台传播和共享信息资源。传统的信息单向传播方式革新为参与者之间的多方向互动交流。互联网的交互性属性不仅具有变革信息传播方式的技术意义，而且带来了媒体革命的社会价值。传统媒体的运行需要高昂的运用成本和进入门槛，只有少数拥有雄厚资本的投资人才能掌握和运用报刊、广播等传播渠道发布信息。由此一来，传统媒体不可避免地成为权贵阶层的代言人和利益共同体。然而，互联网的交互性、平等性和开放性却使得"用户创造内容"、多方向、点对点的信息传播成为网络时代的主流方式，报刊、广播、电视等传统媒体逐渐丧失了控制信息传播途径的优势地位。因此，互联网的交互性属性是对等级、集权的否定，更是对平等、自由的发扬。

（3）共享性。网络信息的共享性得益于互联网技术提供的多方向信息交流渠道。在报刊、电视等传统媒体环境下，信息通过单方向的方式实现交流，因此也就不存在信息资源共享的基础。而互联网的交互式传播则实现了普通用户之间的信息交流与分享，网络用户可以借助于各类网络社区

75

和 P2P 软件与他人分享自己的信息资源。互联网营造的信息环境给人与人之间信息共享、互利互助提供了前所未有的机会。一个明显的例证是计算机软件的开源许可：软件开发者通过主动公布软件的源代码，许可他人对软件进行修改和创新，而后续的开发者也同样公布修改后的软件源代码，进而实现软件信息的共享和功能的创新。正如澳大利亚国立大学教授彼得·德霍斯所言，开源许可是"所有的程序编写者对于这个程序编写群体所必需的算法资源享有共有权"❶。总之，开放性、交互性和共享性是互联网的基本精神，而互联网的开放、交互属性恰恰促成了网络空间中海量信息的生成与传播，形成了资源共享、互惠互助的互联网信息共享环境。

3.1.2 版权的基本特质

知识产权是一种法定的私权❷，私权属性是整个知识产权法体系的基石。作为知识产权体系的重要组成部分，版权同样具有私权属性。而版权的私权属性决定了版权的专有性。由联合国教科文组织编写的《版权基本知识》对版权的专有性作了最为全面和深刻的描述："除了某些例外情况，作品的再次使用，都只能由作者授权。作者可以分别拥有每一项权利并分别使用每一项权利。每次使用作品，都要根据相应权利取得作者的同意。"❸ 换言之，版权的专有性主要体现在版权为权利人所独占，权利人对版权享有垄断性、排他性的权利并受到法律的严格保护。

版权的专有性是对知识财产的承认与尊重，究其本源，是洛克的劳动价值理论在无形财产领域的体现。劳动价值论为知识财产提供了合法性基础——劳动所创造的财产属于劳动者个人。在洛克看来，任何人所从事的

---

❶ 德霍斯. 知识产权法哲学 [M]. 周林, 译. 北京：商务印书馆, 2008：5.
❷ TRIPS 在其序言中宣示了知识产权私权属性："各成员方：本着减少国际贸易中的扭曲及障碍的愿望，考虑到有必要促进对知识产权有效和充分的保护，以及确保实施保护产权的措施及程序本身不致成为合法贸易的障碍；认识到知识产权为私有权。"
❸ 联合国教科文组织. 版权基本知识 [M]. 北京：中国对外翻译出版公司, 1984：19.

第3章 利益分歧与交易成本：互联网环境下版权许可制度的困境

劳动以及劳动所得的成果是正当地属于劳动者的，将自然物变为劳动创造物的过程实际上融入了劳动者的劳动创造，因而该劳动过程及劳动的结果理应属于劳动者。❶

与洛克的"劳动—财产"理论不同，激励机制理论对版权专有性的解释更富有工具主义的色彩。激励机制理论强调通过权利的配置，赋予版权人对作品排他性的专有权利，并以此来激励作品的创作和传播。《美国宪法》第 8 条对激励机制理论在知识产权法中的适用性进行了经典阐释："国会拥有下列权力：……保障著作家和发明家对其著作和发明在限定期间内的专有权，以促进科学与实用技艺的发展。"事实上，激励机制理论来源于经济学的分析方法，即理性经济人的假设和外部性原理。首先，理性的个人或企业总是想方设法在社会活动中追求自身利益的最大化。版权的专有性为理性人追求利益最大化提供了法律保障。其次，"外部性（externalities）是企业或个人向市场之外的其他人所强加的成本或收益"❷。一般而言，任何市场行为均需要向交易方支付相应的"对价"。例如，企业购买原材料需向供货方支付货款，企业或个人对他人造成损害后需按照一定标准进行赔偿。然而，许多行为却发生在市场交易之外。例如，在布满暗礁的海岸边竖起灯塔，指引船只返航，却无法向过往的船只收取费用；航空公司制造了大量噪音，而机场附近的居民一般情况下却无法获得相应补偿。上述两个例子解释了外部性的两种类型——正外部性（个体行为给他人带来的额外收益）和负外部性（个体行为给他人带来的额外成本或损害）。外部性的存在导致市场失灵和社会生产低效。❸ 面对外部性问题，政府需要通过立法或行政手段干预市场，将外部性问题的负面影响降到最低。在知识产权法领域，通过立法赋予权利人专有权，促进文学、艺术和科学作品的创作。正如波斯纳法官在论及财产的经济学理论时所言："财

---

❶ 洛克. 政府论：下篇 [M]. 叶启芳，瞿菊农，译. 北京：商务印书馆，1964：19.
❷ 萨缪尔森，诺德豪斯. 经济学：第十七版 [M]. 萧琛，主译. 北京：人民邮电出版社，2004：29.
❸ 关于外部性的相关论证，具体详见：萨缪尔森，诺德豪斯. 经济学：第十七版 [M]. 萧琛，译. 北京：人民邮电出版社，2004：28 - 30.

产权的动态收益是指激励，即拥有这样一种权利就说明，考虑到没有任何人可能在时间2（收获季节）侵占该资源，就可以在时间1（例如，种植某种谷物时）投资于某一资源的创造或改进。它使得人们可以收获他们所播种的东西。而如果没有这种预期前景，就会降低播种的激励。"❶ 需要说明的是，不能将激励机制狭隘地理解为仅仅是对作者创作的鼓励。事实上，作者、产业投资者和消费者都在作品生成、传播环节有所贡献。例如，仅凭借编剧的剧本创作，而没有电影投资人的巨额投入，是无法完成一部电影的拍摄、制作和上映的。因此，版权法将版权财产权利赋予电影投资人的权利配置规则也就具备了相当的正当性和合理性。❷ 总之，来源于经济学的激励机制理论为版权专有性提供了一个合乎各方利益的解释，也是指导版权制度变革和创新的有效理论依据。

3.1.3　版权法的困境

作为一种信息获取、传播的技术方式，互联网与版权法有着千丝万缕的联系。然而，版权的专有性与互联网开放、交互、共享的属性本质上是冲突和矛盾的。如前文所述，互联网的精髓在于信息的开放性、交互性和共享性。互联网产业追求传播效率，希冀在迅捷、及时的信息传播过程中获益。版权人则力图控制作品的复制和传播，进而实现作品使用过程中的授权收益。

一方面，互联网环境下，随着P2P交互式软件的普及应用，私人之间

---

❶ 兰德斯，波斯纳. 知识产权法的经济结构［M］. 金海军，译. 北京：北京大学出版社，2005：17.

❷ 关于电影作品的版权归属，普通法系采用电影投资人体系模式，即法律直接规定电影版权归属于制片人；而大陆法系则采用电影作品创作者模式，即参与电影作品的创作者享有相应的版权，但通过强制转让或推定转让的方式，将版权中的财产权利集中于制片人。因此，从版权行使角度而言，两种模式殊途同归。我国采用普通法系的电影投资人版权模式，《著作权法》第17条规定："视听作品中的电影作品、电视剧作品的著作权由制片者享有，但编剧、导演、摄影、作词、作曲等作者享有署名权，并有权按照与制片者签订的合同获得报酬。……视听作品中的剧本、音乐等可以单独使用的作品的作者有权单独行使其著作权。"

第3章 利益分歧与交易成本：互联网环境下版权许可制度的困境

的作品传播与共享给社会公众使用作品带来了极大的迅捷和便利；但各种交互式传播的盛行，也造成了大量未经授权的作品使用。虽然法院在"Napster案"的判决中认定Napster公司构成帮助侵权，从而在法律上宣告了P2P软件的"死刑"。[1]但随后在2004年美国第九巡回上诉法院对"Grokster案"的判决中，法院却认为，被告并非像Napster公司能够通过控制账号的方式阻止用户的侵权行为，被告明显缺乏监督用户的能力，因此，法院秉持技术中立理念，引用"实质性非侵权用途"，判决被告不构成侵权。[2]与"Napster案"的判决相似，在被称为我国P2P软件第一案的"Kruo（酷乐）案"中，法院认为，共享音乐作品服务的提供者为用户擅自传播和共享音乐作品提供技术支持，构成帮助侵权。[3]事实上，版权法对交互式传播采用了较为苛刻的态度，只有在用户共享文件的行为构成合理使用和网络服务商未参与或帮助用户传播作品的前提下才能免责。然而，网上种类丰富的交互式软件依然层出不穷，版权法严格的立法态度并未给网络用户形成实质性的约束。版权人不得不直接面对数量庞大的普通网络用户。而在印刷时代和模拟复制时代，版权人只要控制作品传播的中间人即可维护版权利益。

另一方面，版权人通过技术保护措施等私力救济的方式阻止对作品未经授权许可的使用，进而对抗互联网对其权利的侵蚀。互联网的开放性和交互性特征使得未经授权的作品传播逐渐从职业化向大众化转移，而传统的事后侵权救济方式已无法适应版权人的维权诉求。鉴于此，版权人更加热衷于通过自身技术优势主动切断用户与作品的联系，进而实现对版权的有效保护。技术保护措施正是版权人实施私力救济的重要方式，在版权保护方面起到了不可或缺的积极作用。然而，技术保护措施毕竟是版权人根据自身利益采取的权利保护方式，而非代表各方利益的公权主体设置的法定权利保护措施。因此，技术保护措施必然无法兼顾到社会公众对作品的

---

[1] A&M Records, Inc. v. Napster, Inc., 239 F. 3d 1004 (9th Cir. 2001).
[2] Metro-Goldwyn-Mayer studios, Inc. v. Grokster, Ltd., F. 3d 1154 (9th cir 2004).
[3] 详见北京市第二中级人民法院（2005）二中民初字第13739号民事判决书。

使用需求。换言之，"私力救济属性意味着技术保护措施完全从版权人的私人立场出发，并未充分考虑到版权法指向的利益平衡价值问题"❶。故技术保护措施有可能架空合理使用和法定许可制度，构成对公共领域的侵蚀。

不难发现，互联网产业追求迅捷、及时、便利的信息传播速度，而版权产业则希冀可以从每一次作品使用中获益，二者在价值取向方面的冲突将在未来很长一段时间内持续。而版权法激励作品创作与传播功能的实现必然有赖于互联网产业与版权产业之间矛盾的理性纾解。此外，互联网的全球性特征呼唤全球性版权规则的创新与变革，然而，版权法固有的地域性及各国的利益分歧使得诸多国际版权法规则无法在短时期内达成一致。面对上述问题和现实困境，有学者提出制定前瞻性的版权示范法，从而为各国版权法创新提供有效的改革方向。❷ 事实上，通过示范法引领各国国内法律规则的发展在国际社会中已有先例。联合国国际贸易法委员会于1996年6月12日制定了契合电子商务发展需求的《电子商务示范法》❸，2001年7月5日制定了《电子签名示范法》。❹ 因此，结合网络社区已经形成的相关规则，制定一部容纳各方利益并具有前瞻性的版权示范法也不失为一种网络时代的版权立法创新。

---

❶ 李扬. 互联网环境下的版权理论续造与治理构想［J］. 大连理工大学学报（社会科学版），2014（7）：97.
❷ 吴伟光. 著作权法研究：国际条约、中国立法与司法实践［M］. 北京：清华大学出版社，2013：644.
❸ 《电子商务示范法》的目的是为各国立法者提供一整套旨在为电子商务消除法律障碍并提高法律可预测性的国际公认规则，从而促成并便利使用电子手段进行商务。参见：联合国国际贸易法委员会网站：http：//www.uncitral.org/uncitral/uncitral_texts/electronic_commerce/1996Model.html.
❹ 《电子签名示范法》旨在为电子签名和手写签名之间的等同性规定技术可靠性标准，从而促成和便利电子签名的使用。参见：联合国国际贸易法委员会网站：http：//www.uncitral.org/uncitral/uncitral_texts/electronic_commerce/2001Model_signatures.html.

3.2 互联网传播技术对版权法律关系的影响与冲击

3.2.1 版权主体的分散化和身份认定的复杂化

作品的创作、表达形式与传播技术的发展密切关联。印刷时代和模拟复制时代的作品创作与表达主要借助纸张、胶片、模拟存储设备等媒介进行,创作的职业化和产业化特征尤为明显。言其职业化是因为作品(尤其是文字作品和美术作品)的创作主要有要由艺术家、文学家等各类职业性的创作主体来完成;言其产业化是因为在音乐、电影等作品的创作过程中雄厚资金的投入最为关键。[1] 职业化和产业化的作品创作使得版权主体相对集中。与此同时,作品的传播途径主要集中于图书出版、音乐唱片和电影拷贝的发行与放映等渠道。由此一来,版权立法对于主体身份的认定和版权利益的赋权相对较为简单。此外,对于版权人而言,只要图书出版商,音乐和电影制作、发行商等商业性的作品传播者给予其相应的创作回报,就能实现其版权利益。

互联网技术的普及和盛行致使上述相对稳定的局面发生了重大改变。首先,作品的创作不再仅仅是职业性群体的专属事业,普通大众参与创作也成为常态。如前文所述,在前网络时代,文学、艺术和科学作品的生成依赖于职业化的创作行为和高风险的产业投资,版权内容提供者控制着整

---

[1] 也正因为资本在电影和音乐作品创作中的关键作用,版权法才将电影作品的版权赋予电影制片人(投资人);将录音录像制作者作为一类单独的邻接权主体,赋予其复制、发行、网络传播等相关权利。例如,我国《著作权法》第 17 条中规定"视听作品中的电影作品、电视剧作品的著作权由制片者享有",第 42 条中规定"录音录像制作者对其制作的录音录像制品,享有许可他人复制、发行、出租、通过信息网络向公众传播并获得报酬的权利"。

个作品创作和传播过程，普通消费者的版权法地位仅被限定在狭小的合理使用范围内。互联网技术的开放性、交互性和共享性打破了上述利益局面。特别是在 Web 2.0 网络模式受到普通大众广泛青睐和追捧的环境下，网络用户不再仅仅是信息的被动接收者，而是利用互联网的开放性和共享性在各类网络社区主动生成内容的作品创作者。"用户生成内容"成为互联网空间中的常态，而互联网的运作模式也逐渐从"阅读式互联网"向"可写可读互联网"嬗变。由此一来，大规模的网络用户得益于 Web 2.0 的作品生成模式，成为网络作品的创作者和传播者。作品创作与传播的主体由职业化、专业化向分散化、大众化转变。其次，在互联网环境下，网络用户身份具有多重性，集作品的使用者、创作者和传播者于一身。这一局面在前网络时代是难以想象的。彼时作品的创作多由专门性的、职业化的作者来完成，而作品的传播则由各类媒体或文化产业投资人进行，创作者和传播者基本上泾渭分明。也正是基于此，版权法将版权权利划分为狭义的版权和邻接权。然而，共享性和开放性的互联网模式使得文化、知识、信息等内容产品得以从有形载体中摆脱出来，作品的传播不再受制于有形载体的束缚，人们能够借助于博客、网络社区等网络形式，建立自己的传播渠道，形成了大规模的自媒体。再次，作品创作与传播的目的呈现多元化趋势，而不再仅限于获取经济收益。大量网络用户为了满足自我表达和社会交往等非经济需求，将作品的创作与传播视为参与社会生活的方式，而非单纯地获取经济收益。[1]"用户创造内容"的作品生成模式，打破了以追求经济回报为目的的作品创作格局，"在市场机制和财产权体制之外形成了巨大的生产力"[2]。最后，大量网络用户基于互联网的开放性和共享性，相互协作，共享资源，在网络社区中创作、演绎和改编作品，而这一过程并未像在现实情形中相互面对面地沟通之后进行。换言之，数量众多的网络用户通过无意思联络的协作方式来生成作品内容。

---

[1] 转引自：熊琦. Web 2.0 时代的著作权法：问题、争议与应对[J]. 政法论坛，2014(4)：86.

[2] 薛虹. 十字路口的国际知识产权法[M]. 北京：法律出版社，2012：14.

第3章 利益分歧与交易成本：互联网环境下版权许可制度的困境

总之，在互联网环境下，版权主体呈现出分散化和大众化的趋势，作品创作者、传播者和使用者的身份界限逐渐模糊，而非营利性的创作行为也逐渐成为常态。作品生成和传播模式的嬗变使得建立在产业利益基础上的版权机制受到前所未有的冲击。一方面，传统版权制度旨在满足产业利益的诉求，重点规制未经授权的复制、传播行为，尤其是具有竞争关系的商业性作品利用行为。而在互联网环境下，大量网络用户对作品的演绎、传播等行为通过无意思联络的协作方式进行，其未经授权，但演绎、传播作品的目的并非获得经济利益，而是自我表达和社会交往。显而易见，以商业竞争和产业利益为基础的诸多版权规则已经无法全面涵盖互联网环境中的利他性的作品创作与传播行为。另一方面，互联网技术使得作品的传播可从有形载体中解放出来，通过数字化的网络向公众传送，"传播"在版权法上的意义远远超越了传统的"复制"，传统意义上的复制不再是作品后续利用的起点，版权法所支持的内容产业发生了"由'复制品交易'到'内容传播'的转变"。[1] 因此，有必要重新审视版权法中的财产权体系，建立以传播权为中心的权利配置体系。[2]

3.2.2 版权客体保护标准的复杂化

作品是版权客体，即版权法的保护对象。众所周知，独创性是作品的实质要件，也是版权客体的保护标准。换言之，只有达到独创性标准才能成为版权法的保护对象。事实上，独创性是"判断著作权侵权行为的前提，是整个著作权法律制度的基石"[3]。独创性的英文为"originality"，也

---

[1] 高富平. 寻求数字时代的版权法生存法则 [J]. 知识产权，2011 (11)：14.
[2] 我国理论界关于构建传播权为中心的版权权利体系的成果颇丰，其中下列文献具有代表性：万勇. 向公众传播权 [M]. 北京：法律出版社，2014；梅术文. 著作权法上的传播权研究 [M]. 北京：法律出版社，2012；陈绍玲. 论著作权法中的公开传播权 [J]. 华东政法大学学报，2015 (2)：41-47；吕炳斌. 试论我国《著作权法》中传播权的类型化整合 [J]. 中国出版，2013 (21)：19-22.
[3] 赵锐. 作品独创性标准的反思与认知 [J]. 知识产权，2011 (9)：55.

83

被译为"原创性"。从字面意思来看,独创性包含两层含义:其一是"独",即独立完成,而非剽窃、抄袭他人的;其二是"创",即创造性,包括构思、选择、编排、设计等,而非机械性或技术性智力过程。目前理论界独创性标准基本上沿袭了英美法系以"商业版权说"[1]为其法哲学基础的独创性标准。[2]

数字技术和互联网技术的广泛应用使得独创性标准变得更为复杂。在互联网环境下,人们可通过各种数字工具搜索、整理、加工各类信息。如果这些信息本身由数据、客观事实、新闻报道等不具有独创性的材料组成,那么,接下来的问题是,通过复制、整理和加工这些信息而生成的"成果"是否具备独创性。从表面上来看,这类成果似乎属于版权法中的汇编作品[3],但问题是判断是否构成汇编作品的依据是作者在汇编的过程中融入了体现作者个性的独创性劳动。而上述"成果"的出现是人们利用数字技术对原始材料进行复制、整理和加工的结果。如果用传统的独创性标准来衡量,这些成果无法体现作者的创造性劳动,进而无法获得版权法的保护。然而,通过复制、整理和加工生成的"成果"毕竟具备市场交易价值,如果不予以保护,如何实现版权法的激励效应?由此一来,版权法陷入了尴尬的两难境地,作品的独创性标准也在此时变得尤为复杂。

总之,在互联网环境下,网络用户利用各种数字技术复制、整理和加工形成的"成果"对传统的作品独创性标准产生了不可忽视的冲击。面对此种局面,版权法应当严格坚守传统的独创性标准,还是应当基于市场交易的需要降低独创性门槛?笔者认为,第一,独创性并非一个适用于所有作品的普适性标准,不能固执地对独创性进行普适化的界定。换言之,由

---

[1] 英美法系版权制度以财产权价值观为基础,注重对个人财产利益保护,奉行版权制度"个人财产论",认为版权制度的实质乃是保护作品的财产价值。故英美法系用"copyright"来定义版权。独创性被规定为作品应该是"工作、技巧或者资金的投入","值得复制的,也就值得保护"。

[2] 大陆法系著作权法以人格价值观为理论基础,以作者利益的保护为中心和出发点,用"author right"来定义著作权。其奉行体现作者"个性"的独创性标准。

[3] 我国《著作权法》第15条的规定,汇编作品是指"汇编若干作品、作品的片段或者不构成作品的数据或者其他材料,对其内容的选择或者编排体现独创性的作品"。

于作品类型和性质所限，作者在各类型作品中的创作空间也不大一样。因此，独创性标准的建立宜采用区别对待原则，即针对不同类型作品，综合考虑社会习惯、公众接受能力和产业政策来具体评判独创性。第二，淡化独创性标准中的"创造性"因素，关注作品客观上的经济、社会价值。英国司法实践中"值得复制的，也就值得保护"的独创性标准恰恰是从作品经济价值出发考量作品的独创性。虽然是纯客观主义标准，但这一标准最起码有两个优势：一是相对于其他独创性标准，其操作性很强；二是该标准能够从客观上印证版权法保护创新性智力劳动成果，即独创性强的作品自然值得复制，换言之，缺乏独创性的作品也就不值得复制。❶

3.2.3 版权私力救济的普遍化和常态化

在互联网环境下，人们可以通过各种途径进行信息传播与交流，实现信息共享。与此同时，未经版权人授权的非法复制、传播行为也层出不穷，互联网带来的便利性使得版权侵权行为逐渐从特定群体转向普通网络用户。版权人如果仅依靠侵权诉讼的事后法律救济显然已经不能满足其保护作品的利益诉求。面对此种局面，版权人纷纷采用技术保护措施，切断网络用户与作品的联系，进而实现对作品的有效保护。技术保护措施通常是指"版权权利人对作品的接触控制、复制控制或者其他控制等来实现对版权作品的使用进行控制的技术措施"❷。一般而言，版权人所设置的技术保护措施，主要体现在两个方面。❸ 第一，控制访问或者获得作品、邻接权客体的技术措施。例如，在作品或邻接权客体上设置加密措施，只有获得合法许可的网络用户才能获取电子解密钥匙，进而进入网站访问或获得相关的作品。第二，控制和跟踪作品或邻接权客体的技术措施。例如，在

---

❶ 赵锐. 作品独创性标准的反思与认知 [J]. 知识产权, 2011 (9): 58.

❷ 吴伟光. 著作权法研究：国际条约、中国立法与司法实践 [M]. 北京：清华大学出版社, 2013: 474.

❸ CORNISH W, LLEWELYN D, ALPIN T. Intellectual Property: Patents, Copyright, Trade Marks and Allied Rights [M]. 6th ed. London: Sweet & Maxwell, 2007: 855.

作品中设置技术控制措施,防止他人再次将作品进行复制或传播。正是基于数字环境下加强版权保护的客观需求,技术保护措施得到了 WCT 和 WPPT 的认可和保障。❶ 我国《信息网络传播权保护条例》也明确规定了技术保护措施的合法性,即权利人可以采取技术保护措施,他人不得故意破坏和规避技术保护措施。❷

显而易见,不同于国家机关通过法律、行政措施等公权力行为对版权进行的保护,技术保护措施是版权人为防止未经许可的复制、传播等侵权行为而实施的版权保护手段。换言之,技术保护措施并非由立法、司法或行政等权力机关作出的维护版权人利益的公权力行为,而是由版权人依靠自身的技术控制能力,结合合同和法律规则而采取的私力救济手段。从有效保护版权的角度而言,技术保护措施无疑适应了数字化时代版权人的利益诉求。"因为技术可能是一种较之于监督和诉讼成本更低的保护内容的方式。这种效果在当侵权产生了正在发生的损害和扰乱合法市场参与者的活动时更为突出。"❸ 正是基于上述成本优势,技术保护措施得到了版权人的广泛接受和青睐。在互联网环境下,技术保护措施明显呈现了普遍化和常态化的趋势。然而,由于技术保护措施的私力救济属性,版权人对作品的接触、复制、传播等使用进行的技术控制完全是基于其自身利益而作出的,如果其大规模运用,将会威胁到版权法中的公共利益,架空合理使用制度和法定许可制度,极易打破版权法中权利人与社会公众之间的利益平衡。为尽量避免技术保护措施带来的负面效应,各国版权法一方面承认技术保护措施的合法性,另一方面也对技术保护措施作出了诸多限制。美国

---

❶ WCT 第 11 条规定了关于技术措施的义务:"缔约各方应规定适当的法律保护和有效的法律补救办法,制止规避由作者为行使本条约或《伯尔尼公约》所规定的权利而使用的、对就其作品进行未经该有关作者许可或未由法律准许的行为加以约束的有效技术措施。"WPPT 第 18 条规定了关于技术措施的义务:"缔约各方应规定适当的法律保护和有效的法律补救办法,制止规避由表演者或录音制品制作者为行使本条约所规定的权利而使用的、对就其表演或录音制品进行未经该有关表演者或录音制品制作者许可,或未由法律准许的行为加以约束的有效技术措施。"

❷ 《信息网络传播权保护条例》第 4 条、第 26 条。

❸ 艾因霍恩. 媒体、技术和版权:经济与法律的融合[M]. 赵启杉,译. 北京:北京大学出版社,2012:23.

《数字千年版权法》将两类情形作为技术保护措施的例外：一是法律执行、政府行为的例外；二是为维护公共利益之例外，包括非营利性图书馆、档案馆、教育机构善意规避技术措施等六种情形。❶ 2020 年《著作权法》在明确技术保措施合法性的同时规定了技术保护措施的限制和例外。❷

3.3 产业利益分歧与版权许可制度的困境

3.3.1 版权产业与互联网产业

无论是劳动价值论的视角，还是激励机制的维度，版权是一种私有财产权已经是一个不争的事实。版权法所保护的文学、艺术、科学作品不仅在法律意义上具有排他属性，在经济意义上更具有市场交易的价值。在市场经济条件下，受版权法保护的作品无疑是一种能够用经济指标衡量的商品。正是由于作品的商品属性，生成、利用和演绎作品的经济活动也就具有了投资价值和产业意义。事实上，版权不仅是一种静态的法律保护机制，更是一种富于活力的新兴产业。一个简单但颇有说服力的例证便是 TRIPS 将包括版权在内的知识产权纳入国际贸易的体系中。不难发现，作品的创作、演绎、制作等活动具有鲜明的经济色彩和产业特征，而版权产业则已然成为国民经济活动中不可忽视的产业形态。

世界知识产权组织（WIPO）将版权产业描述为版权可发挥显著作用的产业。❸ 郑成思教授将版权产业界定为"有关企业或个人所从事的生产

---

❶ DMCA，Section 1201.
❷ 《著作权法》第 49 条、第 50 条。
❸ 世界知识产权组织. 版权产业的经济贡献调研指南 [M]. 北京：法律出版社，2006：132.

经营活动与享有著作权的作品有关，并直接或间接受到著作权法规制的行业"❶。按照 WIPO 对版权产业的划分，版权产业包括核心版权产业、相互依存的版权产业、部分版权产业和非专有支持产业四大类。❷ 明确版权产业的内涵和范围是本书后续分析互联网产业与版权产业利益诉求的前提和基础。本书将版权产业界定为生成、经营具有版权属性的作品或录音录像制品并依赖版权法及相关法律保护而运作、发展的产业形态。版权产业涉及文学、艺术和科学作品以及录音录像制品的创作、制作、演绎、发行等经济活动环节。从行业运作方式和盈利模式来看，版权产业旨在生成作品或制品的内容。这与本书后续所论及的互联网产业旨在提供作品、信息传播渠道和交流平台的运作模式不同。因此，本书也可将版权产业称为"内容产业"。2020 年 12 月 30 日，中国新闻出版研究院发布 2019 年中国版权产业的经济贡献调研结果显示，2019 年，中国版权产业的行业增加值为 7.32 万亿元，占 GDP 的比重为 7.39%。其中，核心版权产业的行业增加值达到 4.59 万亿元，占全部版权产业的比重达 63%。版权产业在国民经济中的比重稳步提升，总体规模进一步壮大。2020 年 9 月 16 日，国家版权局网络版权产业研究基地发布的《2019 年中国网络版权产业发展报告》显示，2019 年，中国网络版权产业市场规模达 9584.2 亿元，同比增长 29.1%。网络版权产业继续保持稳定增长，内容质量不断提升，产业结构更加合理。❸

与版权产业的文化内容生产或生成运作模式不同，互联网产业的经营与运作主要是向网络用户提供文化信息的传播渠道和交流平台。如前文所述，互联网产业是以互联网为传播基础，为各类网络用户（企业、消费者和其他各类组织）提供网络应用服务的新型产业群体，其包括互联网信息提供服务（如各类门户网站）、互联网搜索引擎服务、电子商务、网络社

---

❶ 郑成思. 知识产权：应用法学与基本理论［M］. 北京：人民出版社，2005：177.
❷ 世界知识产权组织. 版权产业的经济贡献调研指南［M］. 北京：法律出版社，2006：38-40.
❸ 我国版权发展持续优化［EB/OL］.［2021-07-28］. https://baijiahao.baidu.com/s?id=1690893006082627886&wfr=spider&for=pc.

交服务（如即时通信和网络社区）、互联网休闲服务（如网络视频、网络游戏）等。❶

3.3.2 许可收益与传播效率：版权产业与互联网产业的利益分歧

如前文所述，版权产业旨在创作、生成和运营受版权法保护的各类作品和制品，其盈利模式主要是通过向作品使用者提供"内容"，以此获得许可收益。而互联网产业旨在向公众提供传播渠道和共享平台，其追求网络用户的规模化，通过"交叉补贴"❷和"第三方支付"❸而实现盈利。申言之，互联网产业能够从第三方支付的广告费和网络作品增值服务中获益。因此，其并不考虑作品使用费的收取，而更关注网络用户的数量规模和网络传播渠道的使用量。不难发现，正是运作方式和盈利模式的不同，使得版权产业与互联网产业的利益诉求产生了很大分歧。版权产业坚守版权法赋予的各项权利，痛恨未经授权的各种作品使用和传播行为，希望从作品的后续使用和传播中分得收益。而互联网产业则更加关注作品传播的高效和便捷，希冀从网络用户的规模化中实现其产业利益。版权产业与互联网产业的利益差异导致了两个产业的矛盾日益尖锐。从2001年的"Napster案"到2004年的"Groster案"，再到2010年的"Viacom v. YouTube案"，美国版权业针对互联网产业提起了一系列诉讼。随着我国互联网传播技术的深入应用，作品的内容提供者和传播者身份逐渐分离，国内版权产业与互联网产业的利益分歧不断扩大。由此也导致了2010年的三大唱片

---

❶ 关于互联网产业的基本范畴、类型划分及盈利模式在前文第2.3.2.1节中已经详细阐明，故此处不再赘述。

❷ 交叉补贴是指由某种（或两种以上）产品之间的互补性而引发的相互之间的需求依赖性为前提，先以极低的价格出售其中的基础产品从而使相当多的消费者成为其用户，随后再以相对高价销售与基础产品互补的配套产品从而获得大量利润的盈利模式。

❸ 第三方支付是指网络服务商在代替用户向版权人支付作品使用费后，再根据用户浏览或点击网页广告的次数向广告商收取费用。

89

公司诉百度、2012 年的作家维权联盟诉苹果公司等诉讼案件的不断涌现。上述版权产业针对互联网产业诉讼案件的司法裁判既是对版权法中"中介责任""帮助侵权"等法律规则的司法适用和理论阐释，也是两大产业利益分歧的现实体现。本书无意于对上述案件的法律适用规则作进一步的阐明，而是通过简要梳理案件的发展脉络，厘清版权产业与互联网产业的利益诉求，进而为后续研判理性的版权许可制度作出理论铺垫。

"Napster 案"在版权法的历史上具有非常重要的意义，该案是 P2P 传播软件首次面临的版权法拷问。与传统的访问服务器下载所需网络资源不同，P2P 点对点的传播模式直接从参与共享的网络终端设备中传输、下载文件。换言之，文件传播不再需要主服务器的存在，而是通过由普通民众所控制的个人网络终端进行。每台计算机既是文件的提供者，又是文件的需求方。P2P 传播技术本质上是一种分布式的文件传输模式，其实现了网络资源的有效整合，并解决了传统服务器模式中的带宽瓶颈问题。P2P 传播的分散性决定了版权主体几乎不可能向数以万计的普通用户追究版权责任。鉴于此，美国的唱片公司等相关版权主体转而向 P2P 技术的提供者追究版权责任。在"Napster 案"中，法院认为，Napster 公司的网络用户需要注册之后才能进行文件的传输与下载，因此，如果 Napster 公司知道或应当知道用户通过网络传播享有版权的作品，则可以终止用户的账号。如此一来，Napster 公司具备了监督用户侵权行为的能力。因此，法院最终认定 Napster 公司构成帮助侵权。❶ 法院最终判令 Napster 公司承担版权责任的关键在于，其虽然没有提供任何可供下载的文件，但用户需要在其开发的 P2P 软件上进行注册，然后通过主服务器来搜索其他网络终端设备的共享文件，因此，Napster 公司知道或应当知道用户传输、下载文件的行为有可能构成侵权。

与 Napster 公司的运作模式不同，Groster 公司开发的 KaZaA 等 P2P 软件并不要求用户进行注册，用户可以直接搜索其他网络终端设备上的共享

---

❶ A&M Records, Inc. v. Napster, Inc., 239 F. 3d 1004 (9th Cir. 2001).

文件，而无须再通过主服务器进行文件的搜索。换言之，Groster 公司除了提供 P2P 软件之外，并未任何参与或干预用户传输、下载文件的行为。但无论如何，Groster 公司向用户提供的 P2P 软件确实对美国的唱片业和电影业带来了冲击，而且 Groster 公司也从大规模的使用中获得了可观的广告收益。2002 年，美国十多家唱片公司和电影公司将 Groster 公司诉至法院，指控其实施了帮助侵权行为。美国联邦第九巡回上诉法院援引"索尼案"中的"实质性非侵权用途"标准驳回了原告的帮助侵权指控。同时，法院认为，被告免费向公众提供文件传输软件，软件使用量达到了上百万人次，被告也从用户的基础性侵权行为中获得了巨额广告费收入，但与 Napster 公司不同的是，被告 Groster 公司向用户提供软件之后，没有任何参与或干预用户共享文件的行为，也就无法阻止用户的侵权行为。[1]

与 P2P 软件引发的版权纠纷类似，视频分享网站的盛行也引起了版权产业的担忧和不满。作为全球最大的视频分享网站，YouTube 为用户提供视频分享平台以便使用户能够上传各类影音文件，但被上传的影音文件的播放时长限定在 10 分钟之内。凭借成功的运作模式，YouTube 人气剧增，从而赚取了可观的广告收入。与此同时，在 YouTube 平台上传的浩如烟海的文件中，许多是未经版权人授权的作品。因此，2007 年，传媒公司 Viacom 起诉 YouTube 构成版权侵权。经过审理之后，法院确定了该案的争议焦点，即作为信息存储空间服务提供者，YouTube 能否依据美国 DMCA 第 512 条规定的"避风港"规则免责。最终法院在对 DMCA 的立法过程及司法实践进行回顾的基础上，得出如下结论。①"避风港"规则中的"明知或应知"是针对特定的侵权行为，即针对特定作品所实施的特定的复制、传播等侵权行为。②虽然侵权视频大量存在于 YouTube 所提供的网络平台中，但 YouTube 并未给这些视频进行类似于影视频道或"榜单"的分类，侵权视频也没有任何明显的标志，因此，不能支持原告主张的"红旗标准"。③YouTube 为防止用户上传未经授权的视频文件，将视频的时长限定

---

[1] Metro-Goldwyn-Mayer Studios, Inc. v. Grokster, Ltd., F. 3d 1154, at 1162（9th Cir 2004）.

在 10 分钟之内，并安装了 Dible Magic 数字识别系统。总之，YouTube 已尽最大努力防止用户的侵权行为。法院最终认定被告并未违背"红旗标准"，驳回了原告的起诉。❶

我国近年来发生的诸多针对互联网公司的版权诉讼也同样是版权产业与互联网产业利益冲突的体现和结果。在最高人民法院向社会发布的 2011 年知识产权保护十大典型案例❷中，环球、索尼与华纳三大唱片公司诉百度公司侵犯录音制作者权案便是国内版权产业与互联网产业利益分歧的典型例证。百度公司在其音乐网站的 MP3 栏目中向用户提供搜索框、榜单，用户可以通过搜索框和榜单等条目搜索所需音乐文件，并按照百度公司提供的链接进行在线试听和下载。三大唱片公司认为百度公司的上述行为侵犯了相应歌曲录音制品的信息网络传播权。一审法院（北京市第一中级人民法院）认为，百度公司并未在其服务器中上传、存储涉案的录音制品，而仅仅向用户提供歌曲搜索的链接并不构成直接侵权；构成间接（帮助）侵权的前提是连接服务的提供者明知或应当知道被链接的内容侵权，而依然提供链接服务。因此，该案的争议焦点在于百度公司在提供链接服务时，主观上是否"明知或应知"被链接的录音制品侵犯了原告的信息网络传播权。一审法院认为，百度公司虽然设置了各种榜单，但仍然无法确切地知道具体的搜索结果，即无法知道这些搜索结果所链接的录音制品是否侵犯了原告的录音制作者权。据此，一审法院驳回了原告的诉讼请求。❸该案的二审最终以调解结案，双方在认可互联网音乐运作模式的基础上，签订合作协议，百度公司通过支付版税，获得三大唱片公司信息网络传播的授权。❹

上述国内外版权产业与互联网产业的相关典型案件凸显了二者在产业利益诉求上的差异和分歧。版权产业追求作品利用和传播过程中的许可、

---

❶ Viacom International v. YouTube, 2012 U. S. App. LEXIS 69119（2nd Cir, 2012）.

❷ 详见中国法院网相关报道：2011 年知识产权保护十大典型案例［EB/OL］.（2012 – 04 – 17）［2015 – 12 – 05］. http://www.chinacourt.org/article/detail/2012/04/id/478798. shtml.

❸ 北京市第一中级人民法院（2008）一中民初字第 5043 号民事判决书。

❹ 北京市高级人民法院（2010）高民终字第 1694 号、第 1700 号、第 1699 号民事调解书。

第 3 章 利益分歧与交易成本：互联网环境下版权许可制度的困境

授权收益，而互联网产业则追求作品传播过程中的传播效率。运营模式和产业利益诉求的差异导致了两大产业在版权制度需求上的分歧与矛盾。在互联网普及之前，音乐、电影等作品的生成、制作是由唱片公司、电影公司等职业性的产业投资者来完成的；同时，由于作品的传播主要依靠发行、销售作品的有形载体（唱片、CD、电影拷贝等）来实现，唱片公司、电影公司等产业投资者同样掌握着作品的传播技术和渠道。显然，拥有大量版权的产业投资人同时也是作品的传播者。在整个文化市场的产业链条上，版权人和传播者的身份重合，二者不存在产业利益诉求的差异和分歧。互联网传播技术的普及特别是 Web 2.0 分享模式和"免费使用"观念的盛行，使得作品的传播者从版权产业中脱离出来，迥异于传统产业的运作模式导致互联网产业不再看重作品的许可收益，而关注和追求作品的传播效率。

版权产业与互联网产业的利益差异本质上是内容提供者和传播者的利益分歧。这种差异和分歧使得版权立法和司法裁判过程中不仅要考量版权人、使用者和社会公众的利益，更需平衡、纾解版权产业和互联网产业的分歧和矛盾。就上述梳理的案例来看，法院的司法裁判固然是版权法规则的具体适用，但从更深层面来看，法院力图既顺应互联网传播技术和新型产业模式的发展潮流，又坚定维护版权产业的合法权益。如前文所述，在三大唱片公司诉百度公司侵犯录音制作者权一案中，一审法院以百度公司主观并未"明知或应知"被链接的录音制品侵犯了原告的信息网络传播权为由，驳回原告的诉讼请求。二审经过法院的多次调解，原、被告双方基于促进互联网音乐作品运营的共识，以百度公司向三大唱片公司支付版税的方式调解结案。[1] 事实上，该案是以判决的形式承认了互联网音乐的运作模式，但又以调解的方式弥补了音乐版权产业因互联网传播技术的冲击带来的损失。同样，面对新型传播技术的冲击，在"索尼案"中所确立的"实质性非侵权用途"标准也并非无可挑剔、一成不变。正如"索尼案"

---

[1] 北京市高级人民法院（2010）高民终字第 1694 号、第 1700 号、第 1699 号民事调解书。

中少数派法官所言："只有最缺乏想象力的制造商才不能证明其产品不能够具有某些实质性非侵权性的用途。"❶

具体到版权许可制度，互联网产业与版权产业的利益分歧致使版权立法进程常常出现僵持和反复。在我国《著作权法》第三次修改过程中，法定许可制度的变革与完善引起了产业界的广泛关注，2012年《著作权法（修改草案）》第46条规定了录音制作者的法定许可，并取消了法定许可制度中声明不得使用的例外，即权利人关于不得使用的声明不影响法定许可使用（报刊专有权声明除外）❷。然而，该条遭到了音乐版权产业界的质疑和反对。产业界认为草案忽视了原创音乐人的权利，而过于保护使用者的利益。随后，2012年《著作权法（修改草案第二稿）》取消了录音制作者法定许可。❸与版权产业界反对录音制作者法定许可的态度不同，以传播效率为诉求的互联网产业界则主张扩大法定许可的适用范围。

追本溯源，互联网产业与版权产业的利益分歧给版权许可制度带来无法回避的困境和问题。版权许可制度应当如何平衡版权产业和互联网产业的分歧，从而纾解二者的矛盾？一个无法回避的事实是，在互联网环境下，用户创造内容、交互式传播方式及网络环境中的"免费"模式已经深入人心。版权法毕竟不能对此置若罔闻，"不能违拗互联网基因，不能无视网络开放、分享的文化和全球化、无国界的状态"❹。版权许可制度的变革与创新首先应当顺应互联网传播技术的发展趋势，因为"法律在很大程度上要遵从公众的正义感"❺。然而，我国《著作权法》第三次修改过程中法定许可制度面临的诟病和争议：版权产业坚持版权专有性原则，固守法

---

❶ Universal City Studios, Inc. v. Sony Corporation of America, 480 F. Supp. 429 at 435 – 436（CD Cal. 1977）.

❷ 2012年《著作权法（修改草案）》第46条规定："录音制品首次出版3个月后，其他录音制作者可以依照本法第48条规定的条件，不经著作权人许可，使用其音乐作品制作录音制品。"

❸ 详见2012年《著作权法（修改草案第二稿）》及《关于〈中华人民共和国著作权法〉（修改草案第二稿）修改和完善的简要说明》。

❹ 薛虹. 十字路口的国际知识产权法[M]. 北京：法律出版社，2012：28.

❺ 费舍尔. 说话算数：技术、法律以及娱乐的未来[M]. 李旭，译. 上海：上海三联书店，2013：4.

律赋予的各项权利，痛恨未经许可的作品使用和传播行为权利；而互联网产业则希冀降低作品的使用、传播成本。由此可见，版权产业和互联网产业在版权许可的制度需求上态度迥异，致使如何协调、纾解版权产业与互联网产业在制度需求方面的矛盾已成为版权许可制度变革与创新过程中不可回避的问题。

3.4 数字技术、海量作品与版权许可的困境

3.4.1 数字技术与海量作品的涌现

在前网络时代，囿于技术所限和传播途径单一，作品的创作者、传播者、使用者基本上泾渭分明，文学家、艺术家等各类职业化的作者创作出各类文学、艺术和科学作品；出版商、唱片公司等产业投资人获得版权授权之后，通过作品载体的销售、发行传播作品进而获得传播收益；而作品的使用者，亦即文化市场产业链终端的消费者，通过购买、欣赏作品而满足消费需求。在文学、艺术和科学作品这一文化市场中，创作者、传播者和使用者身份的相对固定性使得作品数量相对稳定，同时，作者、版权人也相对集中。

随着数字技术的发展和互联网传播的盛行，上述相对稳定的版权法身份主体与作品的生成数量发生了翻天覆地的变化。

首先，数字技术的广泛应用能够将所有类型和表现形式的作品都转换为 0 和 1 的数字化形态，形成数字化作品。与此同时，借助各类数字存储设备和网络技术，作品的传播实现了高效率和无损化。更为重要的是，与传统作品的载体（纸张、胶片等）不同，数字技术带来了作品存储设备的便捷化，体积很小的数字存储设备能够容纳前网络时代无法想象的作品数

量。由此一来，数字技术为海量作品的生成、存储和传播提供了广阔的物理空间。

其次，互联网传播技术的广泛运作，特别是在 Web 2.0 "用户生成内容"模式深入人心的背景下，网络用户不再仅是文化产品的被动接受者和消费者，更是利用互联网的共享性和开放性在各类网络社区主动生成内容的作品创作者。"用户生成内容"成为互联网空间中的常态，而互联网的运作模式也逐渐从"阅读式互联网"向"可写可读互联网"嬗变。由此一来，以网络用户为代表的社会大众就成为网络作品创作的主力军。同时，得益于互联网传播模式的普及，创作者不再受传统产业投资人（出版商、唱片公司等）的约束，人们可以在互联网上建立自己的传播渠道，形成与传统媒介抗衡的自媒体。不难发现，正是互联网运作模式带来的文化创作与传播的平等性和民主化，为海量作品的创作提供了宽松的文化氛围和广阔的表达平台。换言之，互联网使作品创作与传播在技术上摆脱了物理空间的束缚和产业投资门槛的羁绊，进而给潜在的作品创作人提供了创作的动力和表达的愿望。这也正是互联网时代海量作品得以涌现的技术和社会原因。

最后，需要说明的是，互联网的价值理念和运作模式催生的海量作品并非仅仅是作品数量的几何式增长。由于创作的大众化和传播途径的多元化，海量作品背后的本质是作品的数字化和版权主体的分散化。因此，接下来的问题是，诞生于前网络时代的传统版权许可制度能否契合海量作品的许可授权需要？从表面上来看，依靠现有的版权集体管理组织进行集中许可与维权似乎能够解决大规模数字化的作品许可问题。此外，版权补偿金制度似乎也不失为一种合理的解决方案。然而，事实并非如此。接下来笔者将详尽分析互联网环境下海量作品的授权困境，以及现有版权许可制度摆脱授权困境的局限性。

3.4.2 互联网环境下海量作品的利用与版权许可的困境

尽管各类国际版权条约和各国版权法存在立法理念和规则设计上的诸

第 3 章 利益分歧与交易成本：互联网环境下版权许可制度的困境

多差异，但都认可并保障作者以个人授权的方式行使版权。事实上，"搜寻交易主体—协商交易条件—签订授权合同"是现实中常见的版权许可途径。按照这种传统的"一对一"版权许可模式，使用者每一次使用作品都需要事先经得版权主体的授权。毋庸置疑，传统的版权许可模式尊重并充分保障了版权人的合法权益，是版权专有性原则在版权交易市场最为充分的表现。然而，在互联网环境下，分散化的作者和版权主体、纷繁复杂的版权内容和权利范围使得上述版权许可模式明显不足以满足社会公众对作品的使用需求；与此同时，囿于商业谈判能力和法律技巧，作者也很难仅仅依靠自身能力实现和维护版权利益。

第一，海量作品的涌现推高了作品使用者获得许可的搜寻成本。Web 2.0 时代"用户生成内容"的网络作品生成模式造就了规模庞大的作品创作者，海量作品的版权归属呈现分散化态势。这与前网络时代职业化的创作群体和产业化的传播主体相对集中的状况截然不同。此外，互联网的虚拟性使得网络作品的创作者常常以匿名或笔名形式在网络上发表作品，真实姓名和身份常常处于不可捉摸的状态，甚至出现了规模庞大的孤儿作品。由此一来，更加推高了作品使用者的搜寻成本。

第二，众多创作者在网络社区中创作的作品多数表现为文字作品，而文字作品的利用方式具有很强的差异性。部分作者期望通过授权他人使用作品而获得相应的经济回报；而有些作者则不考虑作品的短期收益，希冀作品在更大范围传播。[1] 有的作者希望将文字作品的复制权、改编权、表演权及摄制权一次性许可或转让给他人，即通过"一揽子协议"来实现版权利益；而有些作者则认为应针对不同的使用需求将各项版权内容进行个别化授权。此外，版权法注重对作品和录音录像制品原始创作者的保护。文字作品往往处于整个文化产业链的最前端，对其改编为剧本、拍摄成电影，或者进行填词形成音乐作品、将音乐作品制作为录音录像制品，凡此

---

[1] 熊琦. 大规模数字化与著作权集体管理制度创新［J］. 法商研究，2014（2）：101.

97

种种对文字作品的后续使用往往需要征得原始作品创作者的许可。❶ 这无疑更增加了授权的复杂性和不确定性。

面对上述版权主体分散化和作品利用方式的差异化带来的版权授权困境，似乎可以通过延伸性版权集体管理制度或补偿金制度予以解决，但事实并非如此。

第一，由延伸性版权集体管理制度解决海量作品授权问题的局限性。首先，肇始于前网络时代的版权集体管理制度，"其功能的实现需要'版权人—集体管理组织—使用者'之间形成稳定的继续性合同关系，即通过交易条件的格式化，免去各方在作品利用数量与方式等问题上的重复协商"❷。然而，正如前文所述，版权主体的分散化、作者利益诉求及作品使用方式的差异化导致了以格式化协议为基础的传统集体管理制度难以实现其集中许可的功能和优势。换言之，版权集体管理组织以概括式许可协议无法囊括作品利用方式的差异和解决版权权利碎片化问题。❸ 其次，虽然版权集体管理组织通过集中许可的方式能够在一定程度上解决版权主体分散化问题，但其运作的前提是获得作者的授权，然后通过集中许可，征收和分配版权使用费。因此，作者是否愿意主动加入并授权版权集体管理组织代为行使其版权权利就成为一个无法回避的前提问题。如前文所述，互联网技术和 Web 2.0 网络社区模式使得作者由职业化向大众化转变，作品创作群体由集中化向分散化转变。如果大量分散的作者没有加入版权集体管理组织的意识，或者出于各种原因根本不愿意加入，那么，相应的版权集体管理组织获得权利人授权的难题就依然无法解决。诚然，从有利于海

---

❶ 例如，我国《著作权法》第 16 条规定："使用改编、翻译、注释、整理、汇编已有作品而产生的作品进行出版、演出和制作录音录像制品，应当取得该作品的著作权人和原作品的著作权人许可，并支付报酬。"

❷ 熊琦. 大规模数字化与著作权集体管理制度创新 [J]. 法商研究, 2014 (2)：102.

❸ 随着作品利用和传播方式的不断演进和丰富，一件受版权保护的作品会存在一个权利人的多项权利，例如，文字作品的版权人享有复制权、发行权、改编权、信息网络传播权、翻译权、摄制权、汇编权等。尽管这些权利同属于一个版权主体，但是每项权利都有其各自的边界和内容，导致在版权交易中产生较大的交易成本。这便是权利的碎片化问题。参见：吴伟光. 著作权法研究：国际条约、中国立法与司法实践 [M]. 北京：清华大学出版社, 2013：508.

第3章 利益分歧与交易成本：互联网环境下版权许可制度的困境

量作品的大规模许可角度而言，延伸性版权集体管理制度❶确实有助于降低交易成本，其似乎是一种解决上述问题的可行方案。然而，一个不容回避的事实是，由于我国现有的版权集体管理组织具有浓厚的政府主导色彩，并缺乏广泛的代表性，延伸性版权集体管理制度遭到了产业界的反对❷和理论界的质疑。❸ 这种对延伸性集体管理的不信任也反映在我国《著作权法》第三次修改过程中。2012年《著作权法（修改草案）》借鉴北欧国家相关制度，规定了延伸性版权集体管理制度❹，力图解决现实中出现的使用者愿意合法使用作品却找不到权利人的困境。❺ 由于受到各方的反对和质疑，2014年《著作权法（修订草案送审稿）》将延伸性版权集体管理制度的适用范围限缩于通过自助点歌系统向公众传播已经发表的音乐或者视听作品。❻ 此外，该送审稿中的延伸性版权集体管理制度仅适用于音乐作品和视听作品，无法摆脱大量分散性的文字作品版权授权困境。如此看来，通过延伸性版权集体管理制度解决海量作品的大量许可困境，其可行性和合理性仍有待观察。事实上，2020年《著作权法》也并未引入延伸性版权集体管理制度。

第二，通过版权补偿金制度解决海量作品授权困境的局限性。所谓版权补偿金制度，是指通过对复制设备的制造商收取一定的费用，用于补偿版权人的一种制度。版权补偿金制度肇始于1965年的德国著作权法❼，其

---

❶ 所谓延伸性版权集体管理制度，是指在一定条件下，集体管理组织将其许可机制扩展适用于非会员版权人，亦即特定的集体管理组织可代表非会员开展其未明确授权的版权集体管理业务。

❷ 著作权集体管理遭"统购统销"质疑［N］. 人民法院报，2012-04-21.

❸ 理论界有学者认为，延伸性版权集体管理制度有效运行的前提是集体管理组织的市场化运营以及广泛的权利代表性，而我国现有的集体管理组织行政化色彩浓厚，垄断问题突出，因此，如果再赋予集体管理组织代表非会员行使其版权权利，必然会产生倾轧权利人利益等诸多负面效应。相关文献参见：卢海君，洪毓吟. 著作权延伸性集体管理制度的质疑［J］. 知识产权，2013（2）：49-53；熊琦. 著作权延伸性集体管理制度何为［J］. 知识产权，2015（6）：18-24，30.

❹ 2012年《著作权法（修改草案）》第60条。

❺ 国家版权局《关于〈中华人民共和国著作权法〉（修改草案）的简要说明》（2012年3月）。

❻ 2014年《著作权法（修订草案送审稿）》第63条。

❼ 德国著作权法第53条、第54条。

立法目的在于纾解私人复制与版权人之间的紧张关系,以实现作品使用者、复制设备制造商和版权人之间的利益平衡。由于作品使用者复制他人作品之前无须征得版权人同意,而是通过向设备制造商收取补偿金来弥补权利人的利益,版权人就此获得报酬请求权,因此版权补偿金制度本质上属于法定许可的范畴。诞生于模拟复制时代的版权补偿金制度省去了权利人与作品使用者之间的授权环节,在一定程度上有助于作品的有效利用。然而,结合新型数字复制技术的特点以及我国现实情况来看,通过收取版权补偿金无法彻底解决海量作品的授权困境。首先,互联网环境下复制工具/软件的多样性及复制行为的广泛性使得版权补偿金的征收对象难以确定。❶ 模拟复制时代的复制设备仅限于复印机、家庭录音机、录像机等器材,但数字时代的复制工具包罗万象,各种移动存储设备、P2P软件、手机等都可以进行复制和传输文件,甚至各类文字处理软件(例如微软开发的Word、Power Point等办公软件)都具有复制功能。那么,是否应该对上述物理状态或电子形式的复制工具都收取版权补偿金?版权法中的复制行为既包括基于合理使用的复制,也包括以营利为目的的复制。换言之,上述复制设备/软件既可以提供营利性的复制功能,也可以提供合理使用性质的复制功能。事实上,两种复制功能在实践中很难区分。如果对各类复制设备和软件都收取版权补偿金,不但在实践中很难操作,而且会推高复制设备和软件的市场价格,进而有损合理使用制度所维护的公众利益。其次,版权补偿金制度在我国缺乏实践基础和制度土壤。版权补偿金制度并非一个能够独立运行的操作机制,其需要相关的配套措施。在我国目前的版权法体系下,依然需要由版权集体管理组织承担版权补偿金的收取与分配工作。那么,如前文所述,我国版权集体管理组织所固有的行政化色彩和垄断地位依然是无法逾越的制度障碍。

综上所述,人们借助数字技术和互联网空间创作生成了极为分散的海量作品,"先授权后使用"和"一对一"传统版权许可机制已经无法满足

---

❶ 张平. 网络环境下著作权许可模式的变革 [J]. 华东政法大学学报, 2007 (4): 123.

大量许可的现实需要。而我国的版权集体管理组织制度因其固有的行政化色彩和垄断地位无法从根本上解决海量作品的授权困境。版权补偿金制度在我国缺乏实践基础和制度土壤，同样表现出无法适应大量许可的局限性。

3.5 孤儿作品与版权许可的困境❶

3.5.1 孤儿作品的基本范畴

由于互联网环境下作者信息的隐蔽性、法人作品中权利人主体变更的频繁性以及版权自动保护和较长保护期等制度性原因，在版权的商业化利用过程中，使用人常常陷于无法寻找权利人和获得授权的困境。孤儿作品版权授权问题也由此浮出水面。

"孤儿作品"（orphan works）一词并非由我国版权立法和理论所创，其来源于美国《2006年孤儿作品法案》议案和《2008年孤儿作品法案》议案。上述议案把孤儿作品定义为：特定主体需要以获得版权保护的方式使用作品，而该受版权保护的作品作者无法界定。❷ 孤儿作品问题的实质是作品使用人无法与作品版权人建立有效联系，从而无法获得作品使用合法授权，造成了作品使用人使用作品时的困境和无法跨越的鸿沟。笔者认为，结合我国著作权制度，以下三种作品由于使用人无法与版权人建立有效联系，从而构成了孤儿作品的基本范畴。

---

❶ 赵锐. 论孤儿作品的版权利用：兼论《著作权法》（修改草案）第25条［J］. 知识产权，2012（6）：58-62.

❷ 美国国会众议院.《2006年孤儿作品法案》议案及《2008年孤儿作品法案》议案［J］. 韩莹莹，译. 环球法律评论，2009（1）：152.

（1）版权主体身份不明且无法找到原件所有人的作品。作品使用人寻求版权主体的授权之前，是从作品表面呈现的信息开始搜索权利人信息。然而，互联网信息技术和网络作品的繁荣使得作者常常会隐匿自己的真实身份。例如，作者不署名、署假名、笔名等。同时，各国版权制度的共性在于自动保护原则，即作品创作完成之后，即会受到版权法的保护。自动保护原则可以免除权利人提交版权保护申请而带来的负担和平衡权利人与社会公众之间的利益。然而，相对于专利权申请才能获得保护的规则，自动保护原则使得作品的权利主体信息缺失，作品使用人陷入寻找版权主体的困境，从而恶化了版权交易环境。这种情况表现最突出的莫过于网络上的图片、摄影照片和音乐作品。当然，我国现有的著作权制度似乎规避了作者身份不明作品的使用困境。例如，《著作权法实施条例》第13条中规定："作者身份不明的作品，由作品原件的所有人行使署名权以外的著作权。"但是，接下来的问题是，原件所有人的信息并不比作品版权人信息更公开，更容易获得。换言之，上述条文并没有克服版权人信息和作品原件所有人信息双重缺失的情况下，社会公众使用受版权法保护的作品所面临的孤儿作品困境。

（2）版权主体身份确定但下落不明的作品。一般而言，如果作品的版权主体身份信息全面，且是真实的，不会发生孤儿作品的利用困境问题。然而，如果版权主体下落不明，则同样使得社会第三人利用该作品面临无法与版权人建立有效联系，从而造成获得许可的障碍。从《伯尔尼公约》和我国著作权立法设计来看，都未将此类作品纳入到合理使用或法定许可的范围中。事实上，因版权主体下落不明而机械地将其作品纳入合理使用范围也有悖于版权立法旨趣。而且，权利人一旦复出，作品使用人面临侵权诉讼的风险。

（3）版权人死亡（或消灭）但无人继承（或无组织承受）其权利的作品。在我国现有的著作权法律框架下，尚处于版权保护期内的作品，自然人主体死亡后无人继承又无人受遗赠的，著作财产权归国家；法人或其他组织为权利主体的，在其变更、终止后，无权利承受者的，著作财产权也归国家。❶ 从表面上看，上述作品的版权主体是国家，似乎不属于本书讨论的孤儿作品。但问题在于，我国著作权制度设计中，并未对管理孤儿作品的部门以及其职责进行清晰定位。换言之，没有一个实实在在的法律主体主张和维护国家版权权益。这样的境况同样导致了受版权法保护的孤儿作品和处于公有领域作品的界限模糊，造成了作品使用人获得版权使用许可的障碍和困境。因此，审视我国现有著作权制度关于此类作品的模糊界定，可以得出的明显结论是版权人死亡（或消灭）但无人继承（或无组织承受）其权利的作品亦属于孤儿作品。

孤儿作品的版权属性使得我们没有理由将其排除在版权保护范围之外。面对孤儿作品，使用人如果因找不到权利主体而直接使用作品，则可能面临权利人复出后侵权起诉的风险；如果放弃对孤儿作品的使用，则不利于作品的传播与再创作，进而远离版权制度的设计初衷。

3.5.2 "Google 案"中孤儿作品利用模式的审视

"Google 案"源于信息技术推动下的电子图书馆建设。2004 年，全球搜索引擎巨头 Google 公司实施了一项名为"Google Library Project"的计划，该计划将哈佛大学图书馆、斯坦福大学图书馆、纽约公共图书馆等世界最大的几所图书馆的藏书进行数字化扫描。Google 公司称，推行这一计划的目标在于："与出版商、图书馆共同为所有语言著成的图书形成一个综合的、易搜索的虚拟卡片式目录，以此帮助用户发现新的图书和出版商发现新的读者。"❷ 在被 Google 公司数字化的作品中，进入公有领域的作品

---

❶ 《著作权法》第 21 条第 1 款规定："著作权属于自然人的，自然人死亡后，其本法第十条第一款第五项至第十七项规定的权利在本法规定的保护期内，依法转移。"《民法典》第 1160 条规定："无人继承又无人受遗赠的遗产，归国家所有，用于公益事业；死者生前是集体所有制组织成员的，归所在集体所有制组织所有。"《著作权法》第 21 条第 2 款规定："著作权属于法人或者非法人组织的，法人或者非法人组织变更、终止后，其本法第十条第一款第五项至第十七项规定的权利在本法规定的保护期内，由承受其权利义务的法人或者非法人组织享有；没有承受其权利义务的法人或者非法人组织的，由国家享有。"

❷ Google Books Library Project Overview［EB/OL］．［2015-12-01］. http：//www.google.com/googlebooks/library.html.

自然不会有版权纠纷，但大量的作品是尚处于保护期内且存在诸多无法确定权利人的孤儿作品。2005年，美国作家协会和作者以版权侵权为由对Google公司提起了集团诉讼。中国作家协会于2009年11月针对Google公司侵权事件发出维权通告，要求Google公司对此前未经授权扫描收录使用的中国作家作品，须在2009年12月31日前向中国作家协会提交处理方案并尽快办理赔偿事宜。❶

2008年10月，Google与美国作家协会和出版商协会达成涉及孤儿作品授权解决途径的和解协议（Google Book Settlement）：设立版权登记处，负责查找作品权利人，并且代表孤儿作品权利人为作品发放"非独占性"使用许可；登记处向Google收取许可费用，并将收益分配给作者和出版商。该和解协议的创新之处在于对孤儿作品的"择出"（opt-out）政策，即登记处有权通过筛选从大量作品中提取出孤儿作品，并决定将其交给Google公司扫描使用。Google公司求助于补偿法则，通过先使用后补偿的模式，避免了先授权后使用带来的寻求权利人成本高昂的作品利用瓶颈。该和解协议于2011年3月22日被美国纽约一联邦法官以构成垄断为由驳回，但该和解协议仍旧为孤儿作品的利用途径提供了新思路。❷

从公众利益角度而言，谷歌数字图书馆计划和解协议确实可以大大拓宽公众接近图书的渠道，激励图书馆建设的创新。然而，审视通过和解协议解决孤儿作品授权的途径，不难发现存在以下弊端。第一，和解协议只针对"Google案"，不具有解决孤儿作品授权问题的普适性。换言之，该和解协议并未给孤儿作品授权问题提供可以普遍适用的范本。第二，通过和解协议解决孤儿作品授权问题取决于网络出版商、第三方中介机构等主体利益博弈，其预期结果具有不确定性和不可预测性。因此，和解协议不是一个可供不同主体适用的既成模式。

---

❶ 中国作家协会发维权通告：要求谷歌忙赔偿［EB/OL］.（2009-11-18）［2015-12-02］. http://tech.sina.com.cn/i/2009-11-18/21163604838.shtml.
❷ 谷歌图书和解计划被驳回 反垄断等问题未解决［EB/OL］.（2011-03-24）［2015-12-02］. http://news.xinhuanet.com/newmedia/2011-03/24/c_121224795.htm.

第4章 制度评价与利弊考量：互联网环境下版权许可模式的反思

版权所固有的专有性和排他性决定了使用他人作品须征得版权人同意，但基于公共利益和降低交易成本的考量，版权法也设置了在符合法定条件的情形下，无须经过版权人同意即可使用他人作品的相关制度。正是基于平衡各方利益的立法理念，我国《著作权法》第 26 条第 1 款规定："使用他人作品应当同著作权人订立许可使用合同，本法规定可以不经许可的除外。"因此，按照是否需要征得版权人的同意，版权许可可以划分为自愿许可和非自愿许可。两种许可模式各自的价值取向和规则设计各有不同：❶ 自愿许可充分尊重版权人的权利行使意愿，是意思自治和私权神圣在版权许可领域的体现；而非自愿许可则侧重于作品的利用效率和使用人的利益，其本质上也是一种权利限制形式和利益平衡机制。在互联网时代，版权许可制度的优劣关乎版权产业和互联网产业的利益平衡，更会对版权许可的立法旨趣能否顺利实现产生重大影响。鉴于此，有必要对我国现有版权许可制度和运行机制进行制度分析和利弊考量。

---

❶ 需要明确的是，作为不同的版权利用途径，自愿许可和非自愿许可并非毫无联系、泾渭分明。例如，非自愿许可中的法定许可模式下，使用人无须征得版权人的同意而使用其作品，但应当向权利人支付报酬。换言之，版权人享有报酬请求权。而版权人的报酬请求权常常通过授权版权集体管理组织向使用人收取使用费而实现。

4.1　私权自治与市场垄断：自愿许可

4.1.1　自愿许可的基本类型及其属性

一般而言，版权交易中的自愿许可是指版权人"将其作品许可使用人以一定的方式、在一定的地域和期限内使用的法律行为"。❶ 自愿许可是许可人与被许可人基于意思表示一致而实施的法律行为，平等、自愿、意思自治是自愿许可的基本要素。按照被许可人权限的不同，自愿许可可以分为独占许可、排他性许可和普通许可。❷ 从版权交易的历史进程来看，自愿许可是最早也是适用范围最为广泛的版权许可模式。在印刷时代，作品传播通过转让作品的载体而实现，即让渡作品载体的"占有"才能完成版权交易，而出版商则是最为关键的作品传播者。"作者—传播者—使用人"的简单授权模式足以满足印刷时代的作品利用需求。随着录音、录像技术和广播技术的普及应用，作品及其利用方式呈现多元化态势，作者、传播者、使用人之间逐一协商、单独授权的模式会产生高昂的交易成本。由此一来，通过版权集体管理组织进行的集中许可便应运而生。从降低交易成本的角度而言，集中许可无疑能够由集体管理组织分担权利人的监督、维权成本和降低作品使用人的搜寻、协商成本。

---

❶ 吴汉东. 知识产权法 [M]. 北京：法律出版社，2011：108.
❷ 独占许可、排他性许可和普通许可的各自内涵和基本范畴已在前文作出详细界定，此处不再赘述。

第4章 制度评价与利弊考量：互联网环境下版权许可模式的反思

根据我国《著作权法》第 26 条之规定[1]，结合前文所述，自愿许可可以划分为两种基本模式，即版权人自行许可和由版权集体管理组织进行的集中许可。一般而言，版权人自行许可，又称个人授权许可，是指版权人自己通过版权许可合同将作品授权他人使用。而集中许可则是版权人以会员身份加入并授权集体管理组织行使其版权权利。从版权交易的历史进程来看，无论是自行许可，还是通过集体管理组织的集中许可，都是市场交易主体自发形成的版权交易方式。因此，二者是私权自治在版权交易市场的体现。换言之，版权自愿许可模式充分尊重版权人的专有权利，许可价格和条件完全由市场机制而定。这与后文所论及的法定许可、强制许可等自愿许可截然不同。事实上，如果将版权许可模式置于整个文化产品市场中，不难发现，自愿许可是充分发挥市场调节机制而自发形成的版权交易模式，而非自愿许可则是政府干预之下的版权交易模式。诚然，非自愿许可在一定程度上能够克服信息不对称和交易成本过高的市场失灵问题，但充分尊重交易双方意愿和保障权利人议价能力的自愿许可才是文化产品交易市场的基础性版权许可模式。

基于上述分析，不难得出如下结论，即以契约自由为基础的私权自治是版权自愿许可的基本属性和制度优势。私法自治能够体现现代私法的基本理念——自我决定、自我约束和自我负责。就经济学意义而言，任何人都是趋利避害的理性的经济人，契约自由是人们实现自我利益的重要途径。因此，在版权交易市场中奉行和坚持契约自由原则有利于版权人利益的充分实现，并有助于竞争和优胜劣汰等市场机制充分发挥作用。

---

[1] 《著作权法》第 26 条规定："使用他人作品应当同著作权人订立许可使用合同，本法规定可以不经许可的除外。许可使用合同包括下列主要内容：（一）许可使用的权利种类；（二）许可使用的权利是专有使用权或者非专有使用权；（三）许可使用的地域范围、期间；（四）付酬标准和办法；（五）违约责任；（六）双方认为需要约定的其他内容。"

4.1.2 互联网环境下自愿许可的特殊形式：默示许可

4.1.2.1 默示许可的性质和范畴

如前文所述，私权自治是自愿许可的基本属性。因此，版权人通过许可合同以明示方式授权他人使用作品是实践中自愿许可的常态。然而，随着互联网传播技术的发展和网络社区规则的推广，一种不以权利人明示授权为前提的版权许可模式也逐渐在实践中广泛适用，并被版权立法或司法裁判认可。理论上将这种特殊的版权许可模式称为默示许可。一般而言，默示许可，又称推定许可，是指虽然版权人并未明确作出许可他人使用作品的意思表示，但根据版权人的特定行为或依据法定情形，可以推定其已默认或同意他人对作品进行使用的版权许可模式。版权法中的默示许可发端于美国版权法。1976 年的美国版权法第 201 条（c）款规定，在没有明确的关于版权转让协议的情况下，集合作品❶的版权人被推定为拥有复制和发行作为该集合作品部分的可以分割使用的作品、该集合作品任何修订版以及同一序列的任何未来创作的集合作品的权利。

默示许可的法律性质如何，究竟是一种版权自愿许可的特殊形式，还是属于权利限制的范畴？这在理论界存有争议：有学者将默示许可视为一种与强制许可并列的非自愿许可，并作为权利限制制度来看待；❷ 还有学者认为，默示许可是版权侵权的抗辩理由，其应被版权法确定为与合理使用制度相并列的权利限制机制。❸ 从目前文献来看，上述将默示许可视为

---

❶ 根据美国版权法第 101 条，集合作品是指期刊、选集或者百科全书一类的作品，其中由一系列来稿（本身就是单独的和独立的作品）编排成了一个集合的整体。集合作品是汇编作品的一种类型。

❷ 德雷特勒. 知识产权许可：上 [M]. 王春燕, 等译. 北京：清华大学出版社, 2003：181-183.

❸ 详见：吕炳斌. 网络时代的版权默示许可制度：两起 Google 案的分析 [J]. 电子知识产权, 2009（7）：74；王栋. 基于网络搜索服务的默示许可制度研究 [J]. 常熟理工学院学报, 2010（1）：62.

第4章　制度评价与利弊考量：互联网环境下版权许可模式的反思

权利限制制度或归于非自愿许可的范畴，并非主流观点。学界一般认为，默示许可是授权许可的特殊形式，[1] 并非对版权权利的限制。[2] 笔者认为，尽管默示许可的授权表意并非以明示的方式作出，但根据权利人的默示或其他行为可以推定其认可作品被他人使用的事实，进而产生相应的法律效果。因此默示许可本质上依然是考量版权人主观意志之后而推定的许可合意。这与法定许可、合理使用不考量版权人是否有许可的主观意志截然不同。此外，如果将默示许可视为与合理使用相并列的权利限制制度，虽然有利于作品的有效利用，但无疑是对版权人利益的进一步限缩。在没有充分、合理的理论支撑的情形下，武断地为权利限制制度再增加一个默示许可的砝码将有损于版权人的利益和版权专有性的制度基础。因此，上述将默示许可视为非自愿许可或版权权利限制的观点无疑与默示行为的基本性质相去甚远。默示许可并非一种版权权利限制制度，而是版权自愿许可的特殊形态和新发展。

相较于普通形式的版权自愿许可，默示许可是以默示的方式为意思表示，并达成版权许可的法律效果。申言之，默示许可属于默示形式的民事法律行为。默示的形式包括沉默和推定行为：前者是指根据当事人的约定和法律规定，以消极的不作为表达权利人主观意愿的行为；后者是指版权人通过特定行为来对许可他人使用其作品进行认可和表意的行为。因此，认定默示许可的关键在于对默示和推定行为的准确阐释。就基于沉默的默示许可而言，其构成要件包括：①版权人明知有未经授权的作品使用行为而保持沉默；②作品使用人对版权人的默示行为产生合理信赖。在行为推定的默示许可情形下，如果版权人主动、积极的行为足以表明允许他人使用其作品，则可以推定版权人版权许可的主观意图。[3]

---

[1] 详见：王国柱. 知识产权默示许可制度研究［D］. 长春：吉林大学，2013：23.
[2] 详见：李捷. 论网络环境下的著作权默示许可制度［J］. 知识产权，2015（5）：68.
[3] 王国柱. 知识产权默示许可制度研究［D］. 长春：吉林大学，2013：31.

109

4.1.2.2 默示许可在网络环境中的司法实践

互联网的开放性、交互性和共享性促进了海量作品的创作与生成。默示许可从制度上省去了作品使用人与版权人的协商过程，无疑有助于作品利用效率的提高，契合了互联网时代社会大众对海量作品的利用需求。从国外司法实践来看，搜索引擎基于其技术特点而产生的作品使用行为也被纳入默示许可的范畴。美国 Field v. Google 案的判决实际上认定了在符合法定条件的情形下，版权人的行为构成对搜索引擎的默示许可。[1] 2004 年 4 月，作家 Field 向美国内华达州联邦地区法院起诉 Google 公司，指控 Google 公司未经其许可对其享有版权并发表在个人网站上的作品进行了复制，并且在 Google 搜索页面上显示。原告认为，Google 公司未经其许可进行的复制和提供搜索的行为构成版权侵权。法院经过审理认为，原告 Field 确系涉案作品的版权人，但其相关行为已经构成了对 Google 公司的默示许可。[2] 事实上，法院之所以认定构成默示许可的关键在于 Google 公司采用的"摒弃"（out-put）机制和版权人的默示行为。在互联网环境下，版权人的作品以网页的形式呈现出来，数量规模庞大，网络搜索引擎逐一选择甄别、获得授权不仅无效率，而且无法操作。鉴于此，Google 公司为尽量避免潜在的侵权诉讼，而采用"摒弃"机制，即版权人如果在网站中使用"元标记"，则可以拒绝、排除 Google 的搜索。该案中，原告 Field 在知晓上述机制的情况下，[3] 对发表其作品的网页并未采用任何形式的"元标记"，因此，从其行为可以得知原告明知 Google 公司搜索和临时复制其作品的行为，并且对此行为保持了沉默，故原告的行为构成了对 Google 公司的默示许可。Field v. Google 案为搜索引擎引入版权默示许可制度提供了先例，这无疑顺应了互联网技术的发展和契合了相关产业的利益诉求。然

---

[1][2] Field v. Google, Inc, 412 F. Supp. 2d 1106 (D. Nev. 2006)

[3] 在案件审理过程中，根据专家证人的阐释，在网页中加入"元标记"来拒绝搜索引擎对其内容的搜索、链接是互联网产业中众所周知的行业技术措施。原告在庭审中也承认知晓这一标准。

第4章 制度评价与利弊考量：互联网环境下版权许可模式的反思

而，需要明确的是，默示许可虽然不以权利人的明示为授权的意思表示，但这并不代表版权人丧失了拒绝许可的机会。事实上，从 Field v. Google 案中不难看出，版权人是有机会使用"元标记"而排除网络搜索和网页快照，进而拒绝 Google 公司对网络作品的使用。与此同时，默示许可更不意味着其如同合理使用一样可以完全排除版权人的主观意愿，从而构成版权法中的权利限制制度。

虽然肇始于前网络时代的知识产权默示许可制度并非为解决互联网传播技术引发的各类难题而量身定制，但不可否认的是，默示许可制度确实契合了互联网传播技术的发展和相关产业的利益诉求。事实上，默示许可在互联网版权领域的价值和功能已被各类网络社区的运行机制所证实。互联网开放性和共享性的技术特征为用户提供了 BBS、博客等各种社交网站和交流平台。按照版权法的一般原理，网络用户在网络社区和社交网站上发表作品恰恰是版权人行使发表权和信息网络传播权的行为。在我国当前的版权制度框架下，未经许可而转载、传播他人作品的行为属于侵权行为。[1] 然而，我们面临的现实问题是，如果固守版权法的既成规则和网络作品的专有属性，则将会对各类网络社区和交流平台的运行基础——开放性和共享性造成损害，这也意味着类似于以转载、传播网络作品为主要运行机制的微博、微信等社交网络平台将会消亡。鉴于此，诸多网站自发制定了默示许可的服务协议，以便能保障 BBS、博客等社交网络平台的顺畅运行。例如，根据《新浪微博服务使用协议》第 4.7 条之规定，用户将享有版权的文字、图片等作品公布在新浪微博的行为，即视为对新浪公司进

---

[1] 关于对网络作品的转载、摘编是否必须征得版权人许可，在我国的版权立法过程中出现了踟蹰和反复。

2002 年最高人民法院发布的《最高人民法院关于审理著作权民事纠纷案件适用法律若干问题的解释》第 17 条明确转载仅限于报纸、期刊登载其他报刊已发表作品。2003 年 12 月 23 日最高人民法院首次修正的《最高人民法院关于审理涉及计算机网络著作权纠纷案件适用法律若干问题的解释》第 3 条允许未经版权人许可可转载、摘编网络作品，但 2006 年 11 月 20 日该解释第二次修正却删除了该条。国务院出台的《信息网络传播权保护条例》也没有网络作品转载、摘编的相关条款。因此，我国目前的立法并不承认非经许可的转载、摘编网络作品的行为。

111

行了默示许可,同时,其他用户也可以进行转载和传播。❶《武汉大学珞珈山水 BBS 站管理总纲》第 18 条规定:"本站用户在本站各讨论区版面发表的原创文章,视为公开发表。如未在原创文章中注明转载条款的,应视为默认允许在本站范围内转载。"❷ 由此可见,默示许可实际上已经在网络空间中悄然盛行。这种由企业自发形成的版权授权模式受到互联网产业和网络用户的认可,并逐渐成为一种各方承认的社会规则。事实上,默示许可在互联网空间中的适用无疑契合了互联网的开放性和共享性"基因"。这种由市场交易习惯衍生出的网络规则将会自下而上地影响未来的版权立法和司法实践。

4.1.2.3 互联网环境下默示许可的现实需求和制度优势

从上述默示许可的性质认定及实践运用来看,相较于一般的授权许可,默示许可无疑有助于提高作品的利用效率和传播范围。在社交网络和交流平台中默示许可具有无可替代的功能和作用。具体而言,默示许可的制度优势主要体现在如下三个方面。

首先,默示许可有助于解决网络环境中海量作品的授权使用的难题。如前文所述,数字技术的发展和互联网传播的盛行为海量作品的创作与传播提供了广阔的空间。尤其是在 Web 2.0 "用户创造内容"的模式下,作品创作由职业化向大众化嬗变,版权人由集中化向分散化衍变,由此形成了规模宏大的海量作品的授权难题。如果依然沿用传统的"一对一""先明确授权再使用作品"的版权许可模式,与海量作品的版权人进行逐一协商授权不仅毫无效率,而且无法操作。默示许可则是在承认版权专有性的前提下,以版权人的沉默或推定行为作为授权的意思表示,进而实现作品的利用和传播。因此,在互联网环境下,默示许可具有契合大规模授权需求的独立功能和制度价值。

---

❶ 转引自:李捷. 论网络环境下的著作权默示许可制度[J]. 知识产权,2015(5):68.
❷ 转引自:杨红军. 版权许可制度论[M]. 北京:知识产权出版社,2013:122.

其次，默示许可有助于保护作品使用人的合理信赖，维护交易安全。在市场经济条件下，交易安全是市场主体共同追求的制度价值，而维护交易安全的前提是法律对交易相对人合理信赖的保护。英美法系国家一般通过"允诺禁反言原则"保护交易相对人的信赖利益，即禁止市场交易主体"通过否认已经被法律确认的事实，或者通过否认已经有自己明示或者暗示的行为所承认的事实，从而达到逃避承受不利后果的目的"。❶ 根据允诺禁反言原则，版权人如果有"暗示"（沉默或推定行为）许可的意思表示，作品使用人可以据此使用作品而不构成侵权。由此一来，默示许可实际上是对作品使用人基于特定情形而形成的合理信赖的保护，其有助于维护版权许可的交易安全，并能够促进许可效率的提高。

最后，默示许可有助于实现版权产业与互联网产业之间的利益平衡。不同的经营方式和运作模式，使得版权产业与互联网产业的利益诉求产生了很大差异和分歧。调和与纾解两大产业之间的利益分歧便成为版权法的重要课题。如前文所述，默示许可并非完全不考量版权人的主观意愿，而是将版权人的沉默或可推定行为作为其授权的意思表示。换言之，默示许可制度依然维护和保障版权的专有权属性。与此同时，默示许可制度在互联网环境下的适用能够简化烦琐复杂的许可协商过程，有助于作品的高效利用和快速传播。而这恰恰契合互联网产业的利益诉求。

4.1.3 版权集体管理组织许可的评价与反思

4.1.3.1 私权自治的彰显：版权集体管理制度的缘起和功能

版权集体管理组织是基于版权人的授权对版权进行集中管理，并代表版权人向作品使用人发放许可、收取使用费，进行诉讼等维权活动的特定

---

❶ CHANDLER T W. The Doctrine of Equivalents and the Scope of Patents [J]. Harvard Journal of Law & Technology, 2000, 13 (3): 493.

组织。毋庸置疑，集体管理组织以中间人的身份在版权交易市场中承担着连接版权主体和作品使用人的角色，并以会员授权、集中许可和分配费用的方式参与版权交易。从版权制度的历史演进过程来看，版权集体管理组织的诞生、发展和变革是作者权利观念的兴起和私权自治理念下作者自发组织能力释放的过程。

英美法系国家之所以用"copyright"命名版权，是因为从权利诞生之初的状态来看，版权最初并非作者的专有权利，而是伦敦书商公会建立起来的排他性权利，其目的在于借助王室特权保障会员获得印刷图书的垄断权利。❶ 随着1709年《安娜法》在英国的诞生，作者权利从出版商的权利中独立出来，相比通过王室特权获得的垄断地位，出版商对作者的控制能力逐渐衰落。《安娜法》向出版商提供的"只是一个受到相当多限制的控制权形式。特别是在《安娜法》中得到承认的印刷和重印图书的权利只能持续一段有限的时间"。❷ 事实上，《安娜法》是"为鼓励知识创作而授予作者及购买者就其已印刷成册的图书在一定时期之权利法"。这意味着自该法诞生之日起，作为一个独立的职业或阶层，作者逐渐进入了版权制度的核心区域，作者权利和作者观念也逐渐成为版权法的重点关注对象。当作者成为一个独立的权利群体之后，通过成立某个组织或集体以维护其版权利益就成为一种内在逻辑和历史必然。然而，作者创造性劳动成果的市场表现并非立竿见影。弥尔顿从其名著《失乐园》总共获得18英镑的收入，而出版该书的汤森出版社则从该书的市场销售中获得了8000英镑的利润。❸ 在此情形下，作者开始自发性地探索、尝试集体化的维权道路。版权集体管理组织无疑是作者们选择的可行途径。换言之，建立一种能够维护作者版权利益和保障其作品许可收益的组织这一内在需求是集体管理组

---

❶ SAUNDERS D. Authorship and Copyright [M]. London：Routledge, 1992：47-50.
❷ 谢尔曼，本特利. 现代知识产权法的演进：英国的历程（1760—1911）[M]. 金海军，译. 北京：北京大学出版社, 2012：12.
❸ 转引自：罗向京. 著作权集体管理组织的发展与变异 [M]. 北京：知识产权出版社, 2011：41.

第4章 制度评价与利弊考量：互联网环境下版权许可模式的反思

得以产生的驱动力。1777 年由法国作家博马舍倡导的戏剧立法局❶正式运作，其负责与戏剧院谈判，力图从剧本在剧院的表演中获益，并提出票房收入在剧作家和剧院之间的具体分配比例。而现代意义上的版权集体管理组织则滥觞于 1847 年的作曲家 Bourget 与巴黎的一家音乐咖啡厅的诉讼。❷ Bourget 在该案中胜诉之后，与其他音乐创作人成立了音乐作者作曲者联合会，1851 年正式命名为 SACEM。自此，版权集体管理组织在全球范围内迅速推广。❸ 随着录音录像和广播、电视等传播技术的发展，作品/制品形式呈现多元化态势，版权权利内容更加丰富，成为涵盖表演权、摄制权、广播权等各种小权利的"权利束"。尤其是互联网传播技术的普及致使版权主体呈现分散性和大众化状态，版权产业与互联网产业的利益纷争和冲突逐渐显露。此种局面促使版权集体管理组织的作用进一步拓展，不仅具有维护作者权益的集体管理功能，而且逐渐具备了集中许可的社会价值。

从上述发达国家版权集体管理组织的产生过程来看，版权集体组织的出现有其内在逻辑和历史必然性。立法对作者权益的保护、作者观念的兴起、版权交易市场的成熟和作者通过特定组织实现权益能力的增强促进了版权集体管理组织的产生和发展。不难发现，版权集体管理组织是作者为实现其版权利益而自发形成的特定组织形式。事实上，发达国家版权法中的集体管理制度是对实践中已然存在的作者集中管理和集中许可的立法确认。因此，版权集体管理组织从其诞生之日就具有鲜明的私权自治色彩。一方面，基于平等、意思自治等原则，版权集体管理组织从版权人处获得

---

❶ 事实上，戏剧立法局是法国戏剧作者和作曲家协会（SACD）的前身。该协会由富拉梅利（Framery）提议成立，并于 1829 年正式命名为戏剧作者和作曲家协会。

❷ 作曲家 Bourget 在巴黎的一家音乐咖啡厅消费后，发现还得为他欣赏了自己创作的乐曲而额外付费。于是，Bourget 起诉咖啡厅，要求对使用其音乐作品予以补偿。巴黎上诉法院最终将作品表演的场所从公共剧院扩大到可以供公众聚会的任何场所。该案的判决结果对音乐作品创作人的意义不言而喻。

❸ 自 1851 年法国 SACEM 成立到"一战"爆发前，先后有德国戏剧作者作曲者协会（1871）、意大利表演权协会（1882）、奥地利表演权协会（1897）、西班牙表演权协会（1901）、德国音乐作者作曲者表演权协会（1903）、德国机械表演权协会（1909）成立。参见：罗向京. 著作权集体管理组织的发展与变异 [M]. 北京：知识产权出版社，2011：54-55.

授权；另一方面，版权集体管理组织根据授权，代表版权人参与版权市场交易，并代为收取版权使用费。相较于强制许可等非自愿许可，版权集体管理组织许可运作过程便是私人自治原则的贯彻过程。

以私人自治为基础的版权集体管理组织坚持版权专有性的同时实现了版权的集中管理和集中许可，其有助于从以下三个方面降低版权交易成本。第一，降低搜索、甄别和发现交易方的成本。基于版权人的授权，版权集体管理组织集合了大量版权。作品使用人只需要通过充当中间人角色的版权集体管理组织即可查询到所需作品，使得使用人的搜索成本降低。第二，降低谈判、缔约成本。与个别授权的差异化许可内容不同，版权集体管理组织通过格式化的概括许可协议，将同类型的作品使用方式以相同的许可内容和价格向使用人发放许可，从而实现谈判和缔约成本的降低。第三，降低合同执行成本。版权集体管理组织对版权进行集中管理与监督，并能够以自己的名义向侵权人提起诉讼，从而将版权人从监督、维权的事务中解放出来。

版权集体管理制度最为明显的优势在于解决版权分散性带来的授权许可难题。以美国 ASCAP 为例，其通过获得作者的授权，将分散的音乐作品表演权集中于 ASCAP，从而使作品使用人能够一次性地获得大量表演许可。从作品利用效率而言，版权集体管理组织许可无疑是解决版权分散性的最为有效的途径。同时，与强制许可等非自愿许可不同，版权集体管理组织许可坚持版权的专有性和排他性，因此只要集体管理组织运作有效，并能合理收取和分配作品使用费，那么集中管理、集中许可的方式最容易受到版权人和使用人的认可和青睐。

4.1.3.2 定位偏移与市场垄断：我国版权集体管理组织的现实弊端

如前文所述，私权自治始终是支撑发达国家版权集体管理组织运作的理论基础和制度土壤。我国的版权集体管理组织虽属于社团法人性质，但政府主导的先天基因致使其与私权自治原则产生不可避免的偏差和矛盾。以我国《著作权集体管理条例》第 20 条为例，该条禁止权利人在授权集体管理组织之后自己行使或许可他人行使版权。❶ 显然，该条规定无疑与私权自治理念和原则相去甚远。此外，版权集体管理组织的法定垄断性也一直被学术界诟病。具体理由分析如下。

1. 市场化价格机制的缺失

通过版权集体管理组织进行的集中许可本质上理应是市场化的版权交易机制。因此，版权许可的定价应当遵循供求关系引发的市场价格规律。从具体运作模式来看，版权集体管理组织通过概括许可协议向使用人发放许可，即作品使用人事先向版权集体管理组织交付一定的使用费，就可以自由使用版权集体管理组织管理的所有作品。在概括许可协议下，许可价格并非按照作品类型、权利内容和使用范围及频率进行区别定价，而是通过"一次性买断"的方式进行概括式定价。就版权集体管理组织而言，概括许可能够有效地降低管理成本和交易成本。相反，如果版权集体管理组织采用针对不同的使用需求、作品类型和权利内容采用区别定价、按次许可的模式，则无疑会增加其运作成本。显然，由于立法对我国版权集体管理组织的非营利性定位，❷ 版权集体管理组织本身并无进行区别定价和按次许可的动力。然而，随着传播技术的发展，作品利用方式不断更新，权利内容不断丰富，并以涵盖表演权、摄制权、广播权等各种小权利的"权利束"形式呈现。以"一次性买断"的概括协议形式确定的许可价格排除

---

❶ 《著作权集体管理条例》第20条规定："权利人与著作权集体管理组织订立著作权集体管理合同后，不得在合同约定期限内自己行使或者许可他人行使合同约定的由著作权集体管理组织行使的权利。"

❷ 《著作权法》第8条规定："著作权人和与著作权有关的权利人可以授权著作权集体管理组织行使著作权或者与著作权有关的权利。依法设立的著作权集体管理组织是非营利法人，被授权后可以以自己的名义为著作权人和与著作权有关的权利人主张权利，并可以作为当事人进行涉及著作权或者与著作权有关的权利的诉讼、仲裁、调解活动。著作权集体管理组织根据授权向使用者收取使用费。使用费的收取标准由著作权集体管理组织和使用者代表协商确定，协商不成的，可以向国家著作权主管部门申请裁决，对裁决不服的，可以向人民法院提起诉讼；当事人也可以直接向人民法院提起诉讼。著作权集体管理组织应当将使用费的收取和转付、管理费的提取和使用、使用费的未分配部分等总体情况定期向社会公布，并应当建立权利信息查询系统，供权利人和使用者查询。国家著作权主管部门应当依法对著作权集体管理组织进行监督、管理。著作权集体管理组织的设立方式、权利义务、使用费的收取和分配，以及对其监督和管理等由国务院另行规定。"

了个性化使用作品协商过程，也就很难满足作品使用人的不同需求。此外，每一个文化产品都有不同的市场需求，从而形成了不同的价格。例如，同一部电影在不同地区、不同影院、不同时间上映，其票价必然各不相同。这意味着每个文化产品（版权法保护的作品）市场价格都应当反映不同的供求关系和价格机制。而概括许可协议排除了个性化使用作品的协商过程，这意味着对于每个单独作品来说都是不自愿的。❶

市场化价格机制匮乏的另一个表现是使用费定价机制问题。事实上，由于创造性智力劳动成果或文化产品本身的价值难以精准确定，"因而版权集体管理组织运行中最容易引发争议的往往是它的收费标准"。❷ 版权集体管理组织本可以发挥其集中管理、集中许可的制度优势，将分散的版权通过市场化的定价机制授权给使用人。而反观我国版权集体管理制度，根据《著作权集体管理条例》第 25 条规定，版权集体管理组织的许可定价应当根据国务院著作权管理部门的使用费标准与使用者约定收取使用费的具体数额。由此一来，该条规定实际上"排除了集体管理组织在定价上的灵活性，使其直接参与交易的信息成本优势无法实现"。❸ 由于集体管理组织许可定价的政府主导性质，实践中质疑、抵制版权使用费的事件层出不穷。❹ 这其中固然有版权意识不强、使用人出于私利而拒绝付费等现实情况，但不可否认的是定价机制的错位和定价过程缺乏各方主体的广泛参与也是不可回避的原因。国家版权局 2006 年出台的《卡拉 OK 经营行业版权使用费标准》规定，卡拉 OK 经营行业音乐作品和音乐电视作品版权使用

---

❶ 吴伟光. 著作权法研究：国际条约、中国立法与司法实践 [M]. 北京：清华大学出版社，2013：520 – 521.

❷ 齐爱民. 著作权法体系化判解研究 [M]. 武汉：武汉大学出版社，2008：231.

❸ 熊琦. 论著作权集体管理中的私人自治：兼评我国集体管理制度立法的谬误 [J]. 法律科学（西北政法大学学报），2013（1）：147.

❹ 例如，2008 年 12 月，昆明市百余家酒店联合抗议中国音乐著作权协会集中收取背景音乐版权使用费，昆明市饭店和餐饮行业协会对中国音乐著作权协会的收费标准进行质疑。详见：储皖中，高慧. 音著协强势回应"昆明饭店集体停播背景音乐" [EB/OL]. (2018 – 12 – 15) [2021 – 05 – 18]. https：news. jcrb. com/shxw/200812/t20081215_112387. html.

费的基本标准为12元/（包房·天）。❶ 该标准在执行过程中引发了诸多质疑和争议。文化娱乐业认为，收费标准存在以下问题：一是未充分听取卡拉OK业主的意见，二是没有区分开房率和实际经营规模，三是应当按照音乐作品的点击率收费，四是没有结合实际营业额和利润。❷ 另外，对版权使用费的分配也引起了版权人的质疑和不满。版权人认为，集体管理组织在版权许可价格和使用费分配上未充分体现其权益。❸

2. 专属许可协议的弊端

作为一种私权自治的版权授权机制，版权集体管理组织许可是权利人与使用人之间的纽带和桥梁，其运行当以服务文化产品市场的供求双方为宗旨，自愿、平等和意思表示一致理应是集中管理、集中许可的基础。《著作权集体管理条例》似乎并未理会上述本应关注的基本理念。该条例第20条规定了专属许可规则，即权利人与版权集体管理组织订立版权集体管理合同后，权利人在授权集体管理组织之后，不得自己行使或许可他人行使授权合同已经约定的版权内容。这意味着权利人与版权集体管理组织签订授权合同之后，版权集体管理组织享有了独占性专有使用权。换言之，授权合同签订之后，版权内容就"专属"于版权集体管理组织，而权利人自己则无法行使版权。显然，专属许可协议背离了私权自治的基本原则和理念，有损于版权专有性。

3. 治理模式的垄断性

版权集体管理组织的治理模式涉及两个核心问题：一是集体管理组织的设立规则应采用准则主义还是行政许可主义，二是版权集体管理组织的

---

❶ 详见国家版权局2006年第1号公告。

❷ 详见：广州上海拒绝执行 卡拉OK版权收费又起争议［EB/OL］.（2016-11-23）［2021-03-28］. http://culture.people.com.cn/GB/22226/34912/34914/5086521.html. 此外，该报道公布的上海市文化娱乐业协会测算的数据颇有说服力：按上海市有2万间包房计，若每间每天收费12元，一年收费将高达8760万元；如按照20%的比例提取管理费，仅管理费一项就超过1700万元。这个数字甚至超过了上海整个卡拉OK行业的年纯利润。

❸ 2010年，中国音像著作权集体管理协会公布了《全国卡拉OK著作权使用费分配方案》，根据该方案，音集协每年提取50%的使用费收入作为管理费用。版权人认为，音集协毕竟不是文化产品的创造者，抽取50%的比例太高，甚至比民间讨债公司收的还高。

布局究竟应采用自由竞争格局还是法定垄断模式。无论是设立规则的设计，还是竞争格局的选择，都与版权集体管理组织历史传统、制度环境及具体国情息息相关。从世界范围来看，美国、加拿大、澳大利亚等国家对集体管理组织的治理采用自由竞争格局，而德国等大陆法系国家则带有鲜明的法定垄断色彩。

美国奉行自由竞争理念，对版权集体管理组织的管制较为宽松，集体管理组织的设立只需遵循公司法、竞争法等制度，无需事先的许可或核准。❶ 制度上的宽松促进了多个集体管理组织的并存和竞争。就音乐作品方面而言，美国就有三家集体管理组织，即ASCAP、欧洲戏剧作者作曲者协会（SESAC）和美国音乐广播公司（BMI）。三家集体管理组织管理的版权内容基本上都集中于音乐作品的表演权。集体管理组织自由竞争格局的制度优势在于开放和效率。就开放而言，准则主义的设立规则实际上将集中管理、集中许可的版权授权市场向社会公众开放；就效率而言，由于多家集体管理组织可以集中管理同一类型的作品，彼此之间存在竞争压力，因此，集体管理组织出于增强竞争能力的目的会积极加强内部管理，降低管理成本，提升集中管理、集中许可的效率。与美国等国家采用的自由竞争模式不同，除电影领域外，德国的版权集体管理组织实际上享有垄断地位。集体管理组织基本上按照作品类型设立，每一类作品由一个集体管理组织集中管理、集中许可。在德国，音乐表演与机械复制权协会（GEMA）、文字著作权协会（WORT）、邻接权利用协会（GVL）等集体管理组织按照作品类型在各自领域保障版权人利益和促进作品有效利用。❷ 垄断模式的主要优势在于方便使用人获得授权。正如德国学者雷炳德所言："国家性的著作权管理组织所具有的这种垄断地位也正是人们所希望的。作品的使用者无须找出何人是作者、作者的地址或者与作者本人进行任何的书面往来，而仅仅需要从众所皆知的集体管理组织那里获得相应的许可

---

❶ 崔国斌.著作权集体管理组织的反垄断控制［J］.清华法学，2005（2）：114.
❷ 雷炳德.著作权法［M］.张恩民，译.北京：法律出版社，2005：556－561.

第 4 章 制度评价与利弊考量：互联网环境下版权许可模式的反思

即可以了。"❶

我国《著作权集体管理条例》实际上从法律上维护了版权集体管理组织的垄断地位。该条例第 7 条规定了版权集体管理组织的设立条件，其中第 2 款第 2 项明确规定新设立的集体管理组织不得"与已经依法登记的著作权集体管理组织的业务范围交叉、重合"。同时，该条例还确立了集体管理组织设立的行政许可主义。❷ 这在实际上从设立阶段就确定了同一类型作品集体管理组织的唯一性，关上了竞争的大门。由此一来，我国版权集体管理组织的政府主导色彩和法定垄断性也就不言而喻。究竟这样的治理模式是否能真正发挥集体管理的制度优势？笔者认为，研判集体管组织治理模式的优劣需结合我国的具体现实情况、集体管理组织的应然属性和社会公共利益等因素来分析。

首先，我国版权立法将集体管理组织定位为非营利性的社团法人，❸ 且不允许在同一领域设立竞争性的其他集体管理组织。从经济学角度而言，上述治理格局导致官方主导性质的集体管理组织缺乏提高许可效率、优化内部管理的经济动力。这也直接引发了社会各界对集体管理组织内部管理费用过高的批评。❹ 同时，在缺乏市场竞争的情形下，集体管理组织也很难为作品使用人提供最优的许可条件和许可价格。事实上，"保持潜在竞争对手的市场准入自由，也可以有效制约那些处于垄断地位的集体组织"。❺ 总之，一方面，集体管理组织的非营利性立法定位禁止其通过参与版权交易市场而获取自身收益；另一方面，政府主导下的法定垄断性又不允许版权人和其他民间主体创设其他集体管理组织，双重门槛的设置导致集体管理组织缺乏为作品使用人和版权人提供最优许可方案和使用费分配

---

❶ 雷炳德. 著作权法 [M]. 张恩民, 译. 北京：法律出版社, 2005：556.
❷ 详见《著作权集体管理条例》第 9 条。
❸ 详见《著作权法》第 8 条。
❹ 2010 年，中国音像著作权集体管理协会公布了《全国卡拉 OK 著作权使用费分配方案》。根据该方案，中国音像著作权集体管理协会每年提取 50% 的使用费收入作为管理费用。版权人认为，中国音像著作权集体管理协会毕竟不是文化产品的创造者，抽取 50% 的比例太高，甚至比民间讨债公司收的还高。
❺ 崔国斌. 著作权集体管理组织的反垄断控制 [J]. 清华法学, 2005 (2)：114.

措施的经济动力。

其次,私权自治和平等自愿是版权集体管理组织赖以有效运作的制度基础。这一事实已被发达国家版权集体管理组织的历史缘起和运作过程证明。❶ 此外,发达国家版权法中的版权集体管理制度是对实践中已然存在的作者集中管理和集中许可的立法确认。版权本质上是私权。虽名为"管理",但权利人与版权集体管理组织之间是在平等自愿基础上的合同授权关系,是权利人将自己的版权交由集体管理组织集中运作的过程。这种授权关系和运作过程一般并不涉及公共利益,因此,通过行政许可对集体管理组织的设立进行核准不仅没有必要,也缺乏充足的法律依据。❷

最后,从国外版权集体管理组织的实际运行效果来看,在采用垄断模式的国家中,使用人向版权集体管理组织支付的许可费用占本国国民生产总值的比例要明显高于采用竞争模式的国家。❸ 事实上,因垄断地位而收取的高额作品使用许可费用通过市场交易最终会转嫁给消费者。

4.2 传播效率与制度瓶颈:非自愿许可

与自愿许可以版权人的授权意愿为前提不同,非自愿许可模式下使用人在使用作品之前,无须征得版权人的同意。非自愿许可的立法旨趣在于平衡版权人、使用人和社会公众的利益,属于版权的限制范畴。一般而言,非自愿许可包括法定许可和强制许可。法定许可制度有其充足的正当

---

❶ 如前文所述,版权集体管理组织的诞生、发展和变革是作者权利观念的兴起和私权自治理念下作者自发组织能力释放的过程。

❷ 《中华人民共和国行政许可法》将行政许可的事项限定于涉及国家安全、公共安全、自然资源的利用及直接关系到人身健康、生命财产安全等领域。显然,集体管理组织所从事的版权运营行为并不属于应当行政许可才能经营的事项。见《中华人民共和国行政许可法》第12~17条。

❸ 详见:UK MMC Report, Appendix 9.4 "General revenue 1993 as a percentage of 1992 GDP", Appendix 9.4 "Total domestic licensing revenue (performing rights) 1993 per head of population"。

性基础，❶ 但在我国著作权法框架下，付酬机制的不健全成为法定许可的制度瓶颈。强制许可在《伯尔尼公约》《世界版权公约》等国际条约中均有规定，国外立法也有先例。我国是否有必要设置强制许可制度需要从该制度的法理基础、历史背景及我国著作权法的具体环境等方面综合考量。

4.2.1　法定许可的社会功能和制度瓶颈

4.2.1.1　社会功能与国外立法例简述

按照通说，法定许可是指"根据法律的直接规定，以特定的方式使用已经发表的作品，可以不经版权人的许可，但应向版权人支付使用费，并尊重版权人其他权利的制度"。❷ 显而易见，否定版权人对作品的控制权，但肯定版权人的报酬请求权是法定许可的法律特征。法定许可本质上是通过弱化版权的专有性和排他性，从而降低交易成本，促进作品的利用。

在版权法的制度框架中，法定许可既是一种权利限制制度，也是促进作品有效利用和传播的机制。言其属于权利限制的范畴，是因为不论权利人是否有授权的意愿，使用人都可以在尊重权利人精神权利和报酬请求权的前提下自由使用作品。换言之，法定许可排除了版权人的控制权，导致版权人丧失了讨价还价的市场谈判机会与能力。事实上，与合理使用、强制许可等其他权利限制制度相同，法定许可反映了利益平衡的要求，"构成了独占性权利与公共利益之间的检验标准，即在一定范围内和程度上，公共利益优先于知识产权人的独占权"。❸ 如果说版权法中版权内容、侵权救济等制度是对版权人权益的保护与救济，那么，法定许可则是对作品使

---

❶ 有学者将法定许可的正当性基础概括为三个层面：维护著作权多元利益的平衡、增进言论自由和文化繁荣、促进衍生作品创作。详见：张曼. 论著作权法定许可的正当性基础［J］. 知识产权，2013（1）：48.

❷ 参见：吴汉东. 知识产权基本问题研究［M］. 北京：中国人民大学出版社，2005：313.

❸ 薛虹. 十字路口的国际知识产权法［M］. 北京：法律出版社，2012：271.

用人和社会公众利益的关切与维护。❶ 言其是促进作品有效利用和传播的机制,乃是因为法定许可省去了协商、谈判等交易环节,从而能够降低交易成本,促进作品的传播和利用。❷ 在互联网环境下,作品创作者由职业化向大众化转变,版权主体由集中性向分散化变迁,同时,孤儿作品问题逐渐凸显,商业性数字图书馆现实需求与日俱增,❸ "单独协商、逐一授权"的版权许可模式无疑会使交易成本急剧放大,且几乎没有操作性。面对此局面,通过版权集体管理组织的集中许可固然能够解决部分问题,但集中许可依然需要协商、谈判的授权过程,这对于以时效性为主要运作目标的报刊转载等行为无疑是不现实的。此外,仅依赖集中许可也无法实现教科书转载等涉及公共利益的作品利用。因此,在互联网环境下,法定许可有其明显的制度优势和现实需求。尽管我国的法定许可制度的相关配套措施——付酬机制和法律救济机制尚待构建,❹ 产业界(特别是音乐制作人)对法定许可的质疑和诟病也不绝于耳,❺ 但并不能因此而否定法定许可本身的制度价值和现实意义。

从版权交易市场角度而言,法定许可意味着作品定价权的转移,即作品的交易价格并非由市场供求关系决定,而是由法律或政府直接设定。不难发现,法定许可制度本质上是对版权专有性、排他性的制约和弱化。鉴

---

❶ 例如,《著作权法》第 25 条规定了编写出版教科书的法定许可。
❷ 《著作权法》第 48 条规定:"电视台播放他人的视听作品、录像制品,应当取得视听作品著作权人或者录像制作者许可,并支付报酬;播放他人的录像制品,还应当取得著作权人许可,并支付报酬。"
❸ 关于互联网传播技术对版权法律关系的冲击以及引发的授权困境等问题,本书第 3 章已作详细阐述,故此处不再赘述。
❹ 国家版权局在 2012 年 3 月公布的《〈中华人民共和国著作权法〉修改草案的简要说明》中也提到,法定许可制度"不成功的原因在于付酬机制和法律救济机制的缺失"。
❺ 在《著作权法》第三次修改过程中,音乐界对于《著作权法(修改草案)》中第 46 条规定的制作录音制品法定许可提出了强烈的质疑和批评。事实上,这种质疑与批评固然有音乐人对法定许可制度的误读(将法定许可解读为免费使用),但不可否认的事实是,音乐界的质疑与批评是报酬请求权长期无法实现导致的权利人情绪的集中宣泄。参见:音乐界激辩《著作权法》修改 [EB/OL]. (2012-04-17). http://china.caixin.com/2012-04-17/100380759.html。
《著作权法(修改草案)》第 46 条规定:"录音制品首次出版 3 个月后,其他录音制作者可以依照本法第四十八条规定的条件,不经著作权人许可,使用其音乐作品制作录音制品。"

于此，国际条约和各国版权法都对法定许可的采用持相对谨慎的立法态度。《伯尔尼公约》将法定许可限定在报刊转载和通过广播播放作品领域。❶ WCT 则规定，在保证不损害作者合法利益的情况下，各国国内立法根据实际情况设置权利限制制度。❷ WPPT 授权缔约国可就表演者权和录音录像制作者权进行相应的限制。❸ 在德国、法国等大陆法系国家的版权法体系中，版权的权利限制与例外通常被阐述为：与作者享有的权利属于天赋人权的范畴相同，社会公众为了个人目的使用相关作品，也属于天赋人权，可以成为否定侵权的理由。❹ 正是基于上述立法观念，欧盟《信息社会版权指令》第 5 条设置了穷尽式的版权限制与例外清单，计 21 项。❺ 按照该指令，欧盟成员国可以基于自己的历史传统，选择指令所列举的权利限制与例外。美国版权法"将法定许可限定于数字录音制品的家庭复制和卫星传送者为私人家庭收视而转播超级电视台以及联网台的主播节目"。❻

4.2.1.2 制度瓶颈：付酬机制尚付阙如

在我国现行的著作权法框架下，共有五类法定许可，即教科书和义务教育法定许可❼、报刊转载法定许可❽、录音制品制作法定许可❾、播放已

---

❶ 《伯尔尼公约》第 10 条之二第 1 款规定："本同盟各成员国的法律得允许通过报刊、广播或对公众有线传播，复制发表在报纸、期刊上的讨论经济、政治或宗教的时事性文章，或具有同样性质的已经广播的作品，但以对这种复制、广播或有线传播并未明确予以保留的为限。然而，均应明确说明出处；对违反这一义务的法律责任由被要求给予保护的国家的法律确定。"

❷ WCT 第 10 条"限制与例外"第（1）款规定："缔约各方在某些不与作品的正常利用相抵触、也不无理地损害作者合法利益的特殊情况下，可在其国内立法中对依本条约授予文学和艺术作品作者的权利规定限制或例外。"

❸ WPPT 第 16 条"限制与例外"规定："（1）缔约各方在其国内立法中，可在对表演者和录音制品制作者的保护方面规定与其国内立法中对文学和艺术作品的版权保护所规定的相同种类的限制或例外。（2）缔约各方应将对本条约所规定权利的任何限制或例外限于某些不与录音制品的正常利用相抵触、也不无理地损害表演者或录音制品制作者合法利益的特殊情况。"

❹ 李明德，闫文军，黄晖，等. 欧盟知识产权法 [M]. 北京：法律出版社，2010：293.

❺ 详见欧盟《信息社会版权指令》（第 2001/29/EC 号指令）第 5 条。

❻ 转引自：朱理. 著作权的边界：信息社会著作权的限制与例外研究 [M]. 北京：北京大学出版社，2011：18.

❼ 《著作权法》第 25 条、《信息网络传播权保护条例》第 8 条。

❽ 《著作权法》第 35 条。

❾ 《著作权法》第 42 条。

发表的作品法定许可❶及扶助贫困为目的的信息网络传播法定许可❷。如前文所述，法定许可是对版权专有性、排他性的弱化和制约，也意味着作品定价权的转移，即作品的交易价格并非由市场供求关系决定，而是由公权力直接设定。但不可否认的是，在法定许可模式中，权利人依然有权利获得相应的报酬或补偿。如此一来，如何确定报酬的数额以及能否切实向权利人支付报酬就成为法定许可制度的关键问题。事实上，上述问题一直困扰着我国的法定许可制度，付酬机制的缺乏更屡屡被版权人和产业界诟病。在我国《著作权法》第三次修改过程中，国家版权局也直言不讳，公开承认了这一弊端。❸ 制作录音制品的法定许可中付酬机制的缺乏问题尤为突出，这直接导致了音乐制作人对2012年《著作权法（修改草案）》第46条之规定的全面不满和抵制。❹ 随后，国家版权局在2012年《著作权法（修改草案第二稿）》中直接删除了录音制品制作的法定许可条款。立法机关在法定许可上的踯躅和反复愈加凸显了付酬机制和救济措施的缺乏与不力。显然，我国著作权法中的法定许可制度虽然已经存在了二十多年，但基本上处于束之高阁、无法操作的状态。而导致这种局面的原因在于付酬机制和相关配套措施的缺位。

事实上，版权集体管理组织理应在法定许可中承担作品登记使用和维护版权人报酬请求权的职责。然而，如前文所述，我国版权集体管理组织的政府主导色彩和法定垄断地位致使其无法有效实现这一制度目标。❺ 因此，音乐作品版权人和音乐制品制作人对法定许可制度的不满虽有对法定

---

❶ 《著作权法》第46条。

❷ 《信息网络传播权保护条例》第9条。

❸ 国家版权局在2012年3月公布的《关于〈中华人民共和国著作权法〉（修改草案）的简要说明》中提到："从著作权法定许可制度二十年的实践来看，基本没有使用者履行付酬义务，也很少发生使用者因为未履行付酬义务而承担法律责任，权利人的权利未得到切实保障，法律规定形同虚设。"

❹ 详见：徐海洋，沈参. 著作权法草案引发音乐人不满 联合发表修改意见［EB/OL］.（2012 – 04 – 13）［2021 – 05 – 18］. http：//ent. sina. com. cn/c/2012 – 04 – 13/09473604126. shtml.

❺ 本书第4.1.3.2节中已经详细阐明当下我国版权集体管理制度的现实弊端及由此而引发的市场价格机制缺失和内部管理效率低下等问题，故此处不再赘述。

许可误读（将法定许可解读为合理/免费使用）的原因，但更多的是对版权集体管理组织的不信任。综上可知，付酬机制和相关配套措施的缺位与不足是法定许可的制度瓶颈，而付酬机制和救济措施的构建与完善是一个涉及多方利益的系统工程。笔者将在后文中论证具体的完善途径。

4.2.2 接纳或拒绝：强制许可在我国的适用性

一般而言，强制许可是指在特定条件下，版权主管机关根据使用人的申请，将对作品进行某种特殊使用的权利授予申请人，并由申请人向版权人支付报酬的一种版权许可方式。强制许可的立法功能在于，"借助强制许可证的方式限制版权人的专有权利，确保公众接触作品、使用作品的可能性，以促进整个社会政治、经济、科学与文化的进步"。❶ "作为版权限制的重要制度与途径，法定许可与强制许可的共同功能在于，确保公众接触品、使用作品的可能性，以实现社会文化进步及作者与社会公众间的利益平衡。"❷ 法定许可与强制许可的区别在于作品的使用是否需要版权主管机关的介入。作品使用人根据法定许可使用作品无须征得作者许可，支付相应报酬即可。而在强制许可制度下，作品使用人需要向版权主管机关提出强制许可的申请，获得强制许可授权之后依然要向版权人支付报酬。因此，强制许可的程序较为复杂和烦琐。在我国的版权法律框架下并没有强制许可制度。

强制许可是一种与法定许可相并列的非自愿许可模式和权利限制制度。国际与国外立法中也有版权强制许可的立法例。从国际立法层面来看，强制许可的适用范围相对狭窄。《伯尔尼公约》针对发展中国家，规定了翻译强制许可，即在符合特定条件的前提下，发展中国家可以对外国版权人的作品实施翻译与复制的强制许可。在1967年缔结的《伯尔尼公

---

❶ 吴汉东. 知识产权法［M］. 北京：法律出版社，2011：105.
❷ 赵锐. 论孤儿作品的版权利用：兼论《著作权法》（修改草案）第25条［J］. 知识产权，2012（6）：62.

约》斯德哥尔摩文本中，实施强制许可只需满足下列条件：一部作品自首次出版之日起满 3 年或根据作品来源国法律的更长时间届满；作品使用人应证明提出过使用请求但被版权人拒绝。❶ 然而，1971 年缔结的巴黎文本中强制许可的程序和条件则相对严苛，实施强制许可不但需要作品首次出版满 3 年，且规定了 6 个月的补充期。此外，实施强制许可的目的仅限于非营利性领域。❷ 不难发现，《伯尔尼公约》所规定的强制许可制度只是对发展中国家在获取科技、文化等方面的一种"优惠"。此外，从《伯尔尼公约》的修订历程来看，这种优惠的附件条件逐渐增多，也越来越严格。从国外立法层面来看，加拿大版权法规定实施强制许可的目的需限于公共利益，且使用人只能行使作品的表演权和复制权。日本著作权法规定在以下三种情形下可以向日本文化厅提出实施强制许可的申请，即无法与版权人取得联系、通过广播的方式使用作品和制作录音制品。❸ 因此，从强制许可的国际和国外立法情况来看，版权法中的强制许可的适用范围基本上限于公共利益目的、促进竞争目的（例如制作录音制品的强制许可）以及某些特殊情形下无法与版权人取得联系（例如孤儿作品）之情形。因此，作为一种权利限制制度，强制许可并非一种普适性的版权交易模式，且"强制许可的适用越来越严格成为主要趋势"。❹

那么，我国是否有必要引入版权强制许可制度？对此理论界尚存争议。支持者认为，强制许可制度在我国版权法上的缺失不但阻碍了教育、科研的发展，也有损于版权人的利益，因此，应当引入强制许可制度，并从立法上予以完善。❺ 反对者则认为，鉴于版权的私权属性和国际立法趋

---

❶ 《伯尔尼公约》斯德哥尔摩文本（1967）附件第 1 条。
❷ 《伯尔尼公约》巴黎文本（1971）附件第 1 条、第 2 条。
❸ 杨红军. 版权许可制度论 [M]. 北京：知识产权出版社，2013：220.
❹ 张曼. 著作权强制许可制度的国际法探究及当代启示 [J]. 西北大学学报（哲学社会科学版），2013（3）：80.
❺ 参见：高兰英. 国际视野下的著作权强制许可制度探析 [J]. 知识产权，2012（3）：86－91.

势，我国不宜盲目设置强制许可制度。❶ 笔者认为，分析强制许可制度在我国版权法中的必要性和可行性问题，需要观察其他国家或地区的相关立法例，更需要结合我国现行版权制度和未来改革方向。笔者的结论是，我国不宜也无必要设置或引入版权强制许可制度。具体理由如下：

第一，版权的私权属性是整个版权法体系的基石，无论多么复杂的版权制度和规则都不应撼动版权私权属性，否则，整个版权法体系就会坍塌。这也就意味着整个版权交易系统应当始终贯彻私权自治理念和原则。因此，建立在私权自治基础上的自愿许可模式应当是版权交易的主要途径和方式。以促进作品有效利用和实现公共利益为目标的法定许可、强制许可等权利限制制度则是对市场失灵的弥补，是国家公权力对市场交易行为的一种干预。而对于通过公权力对市场行为进行干预应当采用谨慎的立法态度，并限定在必要的情况下，即只有当私人之间的市场交易行为无法实现版权法所预设的制度目标❷时，才能够运用和实施。就我国版权法而言，版权集体管理组织许可和法定许可分别以自愿许可和非自愿许可的模式运行于版权交易市场。诚然，二者在制度设计方面尚存弊端,❸ 在运行实效方面还不尽如人意，但可以通过版权法的变革与创新予以克服和完善。那么，究竟还有什么理由在现有的版权许可系统中再强行纳入强制许可？况且，强制许可涉及许可费用的确定、申请程序的设置等一系列规则设计，这并不比解决和克服现有版权许可中的弊端更容易。因此，无论是从版权许可的法理基础，还是就我国当下的现实情况而言，都不宜盲目将强制许可制度置于我国版权法框架中。

第二，不设置强制许可制度并不必然导致公共利益受损。有学者认为，强制许可制度的缺位"会导致作品的利用走向困境"。笔者认为，这

---

❶ 参见：张曼. 著作权强制许可制度的国际法探究及当代启示［J］. 西北大学学报（哲学社会科学版），2013（3）：80-84.

❷ 就我国版权法而言，保护版权，鼓励创作以及促进作品有效利用、传播是版权法的基本宗旨和预设目标。

❸ 关于我国版权集体管理制度和法定许可制度的不足与弊端，在本书第4.1.3节和第4.2.1节已经详细阐明，此处不再赘述。

种观点有失偏颇。目前，在我国版权法框架下，使用人可以通过获得版权人或版权集体管理组织的授权等自愿许可途径对他人作品进行利用，也能够通过合理使用、法定许可等权利限制制度使用他人作品。上述作品的利用途径既顾及了运用市场机制而满足的使用需求，也顾及了通过权利限制制度而实现的公众利益。换言之，我国版权法中的作品使用机制已相对完整，只不过其中的个别制度尚待完善而已。❶ 如果现有的集中许可和法定许可制度还未充分调整、完善，再把强制许可制度引入版权法，将会导致更加混乱。也有学者认为，在版权人拒绝以合理条件进行商业性许可和无法联系版权人的情形下，有设置强制许可的必要性。❷ 笔者认为，此观点有待商榷。正如本书第 2 章所述，作者创造性劳动的回报和人格利益的彰显只有在版权交易中才能实现。一般而言，在市场经济条件下，作为文化产品的供给方，版权人亦是理性的经济人。只要交易条件和交易价格符合其预期，版权人拒绝进行商业性许可的情形并非常态。况且，如前文所述，法定许可通过限制和弱化版权人权利的方式也可实现促进作品有效利用的社会功能。此外，"在无法联系版权人的情形下"也并无设置强制许可的必要性。显而易见，使用人通过尽力查找仍然无法联系版权人的情况属于孤儿作品的版权利用问题。❸ 事实上，《著作权法》第三次修改过程中，立法者已经针对孤儿作品的授权问题作出了初步的规则设计。2014 年《著作权法（修订草案送审稿）》规定，使用人可以向有关机构申请并提存使用费后以数字化形式使用孤儿作品。❹

---

❶ 例如，前文论及的集体管理组织的政府主导色彩和法定垄断性等弊端以及法定许可中付酬机制的尚付阙如。

❷ 黄丽萍. 论著作权强制许可的适用范围和条件 [J]. 华南师范大学学报（社会科学版），2010（2）：136.

❸ 孤儿作品问题的实质是作品使用人无法与作品版权人建立有效联系，从而无法获得作品使用合法授权，造成了作品使用人使用作品时的困境和无法跨越的鸿沟。本书第 3.5.1 节中已经详细阐述，此处不再赘述。

❹ 详见 2014 年《著作权法（修订草案送审稿）》第 51 条："著作权保护期未届满的已发表作品，使用者尽力查找其权利人无果，符合下列条件之一的，可以在向国务院著作权行政管理部门指定的机构申请并提存使用费后以数字化形式使用：（一）著作权人身份不明的；（二）著作权人身份确定但无法联系的。前款具体实施办法，由国务院著作权行政管理部门另行规定。"

综上所述，强制许可制度是国家公权力对版权交易市场的介入与干预，是对版权专有性、排他性的限制与弱化，版权立法应对之持谨慎的立法态度。我国版权立法应当鼓励以私权自治为基础的版权集体管理组织许可，完善法定许可的付酬机制，而非将缺乏现实需求和必要性的强制许可纳入现有版权法体系中。

4.3 信息共享与激励不足：开放许可[1]

尽管各国版权立法存在诸多差异和分歧，但无一例外都是以产权化的立法路径来进行具体制度与规则的设计。而产权化的立法路径决定了除法定情形外，使用作品之前须征得版权人的同意。开放许可则开创了作品利用的新方式，版权人自愿放弃部分权利，允许社会大众在一定范围内自由使用作品。一方面，开放许可顺应了传播技术的发展趋势，利用信息共享优势，促进了作品的有效利用与传播，并受到互联网产业的认可和青睐；另一方面，开放许可并非版权立法的创设，而是数字网络技术产业自发形成的版权利用方式。因此，长久以来，开放许可并未被真正纳入版权法的调整范围。换言之，版权法的激励功能并未在开放许可中发挥其制度优势，而制度激励的不足也导致了开放许可模式下版权人救济途径的缺乏。因此，有必要厘清开放许可的历史脉络和运作机理，为立法主动回应和调整开放许可作出理论铺垫。

4.3.1 开放许可的缘起与内容

开放许可的出现和运用是部分版权人为实现作品的衍生性有效利用[2]

---

[1] 赵锐. 开放许可：制度优势与法律构造［J］. 知识产权，2017（6）：56–61.
[2] 本书此处所言的作品衍生性利用包括：对原作品（特别是计算机软件）进行共享、修改、改编和传播等后续性利用与创新。

和内容创新而自发创制的版权许可模式。开放许可源自20世纪80年代兴起的开放计算机源代码运动。计算机软件获得版权保护之后，要想对现有软件进行升级、发展以及进行软件之间的交流与共享，必须获得软件版权人的许可。为避免版权成为软件发展和创新的桎梏，软件开发者主动放弃部分权利，向公众开放软件的源代码，使得公众可以自由使用和修改软件，实现软件技术的交流与创新。自由软件组织（Free Software Foundation）的公共许可（general public license，GPL）是开源许可的典型代表。GPL的运作以平等性、开放性和共享性为基础。在GPL模式下，一方面，部分计算机软件的版权人向不特定的社会公众提供能够自由改编和修改的计算机软件；另一方面，GPL奉行平等性和开放性，要求被许可人也以同样方式向公众提供演绎之后的新软件。GPL的核心内容包括开放源代码、自由运行程序、自由演绎软件作品和自由传播软件。❶ 从经济效率角度而言，开放源代码运动具有如下优势：众多天才的集合、模块化的修改、便利的交易、容易推进的标准化和故障排除成本的减少。❷ 毋庸置疑，计算机领域的开放源代码运动深刻地影响着作品的利用和传播模式，是对传统版权法产权化立法模式的"对抗"。开放许可在追求技术创新和换代的软件行业中凸显其"双赢"的规则优势。

计算机领域开放源代码运动的信息共享优势也影响并渗透到普通作品的利用与传播。在互联网环境下，各种开放许可尤其受到产业界的认可和青睐。自由文档许可（free document license，FDL）允许自由复制、改编、修改产生演绎作品。无疑，FDL契合了互联网的交互性和共享性等技术特征，通过版权人自愿释放部分权利，主动降低作品的利用和交易成本，实现了版权授权利用的无障碍化。在版权法领域，最为典型的FDL是维基百科，其允许用户在互联网上自由复制、修改和传播现有的文档，以鼓励用户的创作，形成了百科全书式的社群网站。

---

❶ 薛虹.十字路口的国际知识产权法［M］.北京：法律出版社，2012：278.
❷ 埃因霍恩.媒体、技术和版权：经济与法律的融合［M］.赵启杉，译.北京：北京大学出版社，2012：240.

第4章 制度评价与利弊考量：互联网环境下版权许可模式的反思

与 GPL 是专门针对计算机软件而设计的协议不同，创作共享许可（creative commons public license，以下简称"CC 许可"）针对学术文章、文学、音乐、电影、教材等其他种类的作品，以信息共享为运作基础，允许他人对作品进行共享、使用与传播，促进创意作品的开放与交互式共享。CC 许可的宗旨是保证社会公众对作品的"接触权"。[1] 诞生于 2001 年的知识共享组织，其董事会由 James Boyle、Eric Saltzman 等网络法和知识产权法专家，著名日本企业家 Joi Ito 以及公共领域网络出版商 Eric Eldred 等各领域专家和企业代表组成。[2] 2006 年 3 月，CC 许可协议正式引入中国。CC 许可的作品授权要素包括：署名、非商业用途、禁止演绎和相同方式共享。[3] 版权人可以运用上述授权要素的组合，形成六种许可方式，具体如下：署名+非商业性使用+禁止演绎；署名+非商业性使用+相同方式共享；署名+非商业性使用；署名+禁止演绎；署名+相同方式共享；署名。[4] 不难发现，上述许可方式对使用人的限制程度递减。"署名+非商业性使用+禁止演绎"的许可方式不仅要求使用人在利用、传播作品过程中注明作者，而且要求不得以营利为目的使用作品，且不得对作品进

---

[1] 知识共享组织的运作目标为，能够增进和完善前人为多样化的创造性作品所创制的公共许可协议等已有成果。其目标不仅仅是增加在线创作素材的数量，而且希望使得社会大众能够更加廉价和容易接触到这些资料。为实现上述目标，知识共享组织以机读的方式，发展了能够将创造性作品与公共领域或者许可状态相联系的元数据，使公众可以运用搜索程序或者其他在线应用程序去寻找。例如，在对摄影创作者署名后即可以自由使用的作品，或者无任何限制地复制、发行、出租或者节选使用的歌曲。知识共享组织希望机读许可提供的使用便利可以促进减少抑制创作性的一系列障碍。详见：宗旨和历史［EB/OL］. http：//creativecommons. net. cn/about/history/.

[2] Creative Commons Public License［EB/OL］. https：//en. wikipedia. org/wiki/Creative_Commons_license.

[3] "知识共享中国大陆"对 CC 许可协议对授权规则和内容进行了约定：参与 CC 共享协议的版权人并不意味着放弃版权，而是在特定的条件下将部分权利授予公共领域内的使用者。放弃的部分权利包括：复制权、发行权、展览权、表演权、放映权、广播权、信息网络传播权。版权人可以选择以下四种要素进行授权：署名（attribution，简写为 BY）：即必须提到原作者；非商业用途（noncommercial，简写为 NC）：即不得用于营利性用途；禁止演绎（no derivative works，简写为 ND）：即不得修改原作品，不得再创作；相同方式共享（share alike，简写为 SA）：允许修改原作品，但必须使用相同的许可证发布。详见：许可协议说明［EB/OL］. http：//creativecommons. net. cn/licenses/licenses_exp/.

[4] 知识共享许可协议文本［EB/OL］.［2021-05-20］. http：//creativecommons. net. cn/licenses/meet-the-licenses/.

行演绎（改编、修改等）。而"署名"的许可方式，仅要求使用作品过程中注明作者即可。由于 CC 许可协议的开放性和共享性，作品使用范围和数量相当宽广。相关资料显示，截至 2012 年底，在我国通过 CC 许可协议发布的在线作品达到 123 万件，❶ 使用范围包括各类公益性图书馆，新浪、腾讯等网站上的开放教育资源平台和各类主题性（如摄影、音乐）网站。

尽管各种开放许可协议内容有所差异，规则有所不同，但不可否认的是，版权法中的开放许可是权利人自愿放弃部分权利，允许公众在一定范围内，遵循相关规则自由使用作品的许可模式。事实上，需要明确的是，在开放许可中，权利人自愿放弃部分权利的本质是权利人在特定条件下将部分权利内容授权给社会公众。因此，开放许可并非对版权的否认，更非将作品完全置于公有领域。申言之，以 CC 许可为例，开放许可呈现出以下特点：

第一，部分权利保留。从有利于互联网环境下作品的有效利用与传播角度而言，以弱化权利为立法路径的非自愿许可模式、以集中许可为运作机制的集体管理组许可模式和以意思自治为基础的传统授权模式都是目前受版权法调整和实践中常见的版权许可方式。而开放许可则另辟蹊径，是一种伴随着数字和网络技术而自发形成的版权许可模式。在开放许可框架下，版权人并非放弃了全部版权内容，❷ 将作品完全置于公有领域。换言之，开放许可不同于非自愿许可，有别于集体管理组织许可，更迥异于坚守产权化的"完全权利保留"。言其不同于非自愿许可，是因为法定许可等权利限制制度是通过版权立法直接弱化和限缩版权内容，进而实现利益平衡和促进作品传播。而开放许可则是版权人为实现在作品利用与传播方面的共赢，自愿放弃部分权利的版权许可模式，而非公权力对版权专有性和排他性的限制与弱化。言其有别于于集体管理组织许可，是因为集体管

---

❶ 陈晋，阮延生. 知识共享许可协议在中国本土化的实践及思考［J］. 四川图书馆学报，2013（6）：18.

❷ 例如，在 CC 许可协议中，版权人自愿放弃了复制、发行、信息网络传播等权利，但依然可以保有署名、演绎等权利，而且可以要求使用人只能以非营利性目的使用作品。事实上，开放许可中版权人的自愿放弃权利的本质是自愿将部分权利授权给公众。

第 4 章 制度评价与利弊考量：互联网环境下版权许可模式的反思

理组织充当了版权人与作品使用人之间的许可桥梁和纽带，而开放许可协议则为作品供给方和需求方提供了直接授权使用的共享平台。言其迥异于"完全权利保留"，是因为"完全权利保留"模式坚守版权的产权化，侧重于对版权专有性和排他性的立法保护。这也就意味着使用作品之前必须征得版权人的同意。如前文所述，在"完全权利保留"模式下，"先授权后使用""一对一"的作品使用方式固然维护了版权人利益，但无疑凸显了互联网环境下版权许可的局限性。而开放许可则通过版权人自愿放弃部分权利，免去了烦琐复杂的协商谈判过程。开放许可无疑与互联网产业的利益诉求高度契合。

第二，共享性、平等性和传播性。开放许可用标记权利客体和使用途径的方式对不特定的社会公众开放，授权公众复制、传播和特定情形下演绎作品的权利。使用者可以是公益性的教学、科研机构，也可以是各类营利性的社会组织。对于各种使用方式，开放许可整体上均一视同仁。开放许可奉行共享和传播的互联网理念。以 CC 许可协议为例，权利人可以自行设定许可条件，约束后续使用者以相同的许可方式和条件促进作品进一步的传播。共享性和传播性的运作特征使得开放许可能够防止使用人将创意作品据为己有。从这个意义上而言，开放许可有助于维护版权法的公有领域。

总之，建立在共享与交互平台上的开放许可以"部分权利保留"的模式，允许公众在一定范围内自由使用作品。毋庸置疑，开放许可颠覆了传统的版权许可模式。"向传统商业许可发起了全面的挑战"。[1] 诚如知识共享组织在其设立宗旨中所言："我们使用私有权利去创造公共产品，……我们的目标是合作和共享思想，但是我们所采取的方式是自愿和自由选择。我们致力于为创作者提供全世界最好的方式，在鼓励使用其作品时保护他们的作品——即宣布'保留部分权利'。因此，知识共享组织现在和未来实施的项目，其唯一的目标就是：在默认的限制性规则日益增多的今

---

[1] 张平. 网络环境下著作权许可模式的变革 [J]. 华东政法大学学报，2007 (4)：125.

天，构建一个合理、灵活的著作权体系。"❶

4.3.2 开放许可的制度优势与发展瓶颈

开放许可的共享与传播理念无疑与互联网产业诉求不谋而合。与版权产业通过向使用人提供作品而获益的盈利模式不同，互联网产业旨在向公众提供传播渠道和共享平台，其追求网络用户的规模化和作品的传播效率，通过"交叉补贴"和"第三方支付"而实现盈利。❷ 在互联网环境下，开放许可通过"部分权利保留"的方式促进作品在线使用与传播。仍以 CC 许可协议为例，使用人在使用作品之前无须与版权人进行协商与谈判，只需按照版权人提供的作品许可方式❸即可实现其使用作品的目的。由此一来，简化了作品授权方式，大幅度降低了作品流通成本。无疑，开放许可能够受到互联网产业的青睐与认可。与此同时，不同于非自愿许可模式中公权力对版权专有性和排他性的限制和弱化，开放许可以自愿和平等为前提，版权人通过释放部分权利将作品授权给公众使用，其本质依然是对版权的尊重与保全。此外，开放许可虽不能为作者带来直接的经济收益，但给作者及其作品提供了宣传平台，在一定程度上能够彰显作者的人格价值，进而为作者提供了潜在的衍生利益。因此，开放许可是一种非常灵活的版权许可机制。一方面，开放许可以促进作品的有效利用与传播为宗旨，其运作模式与互联网产业的利益诉求高度契合。以维基百科为例，社群式、交互式的平台为网络用户提供了作品创作和利用的空间，允许用户自由复制、改编、修改产生演绎作品。通过版权人自愿释放部分权利，主动降低作品的利用和交易成本，实现了版权利用与作品传播的无障碍

---

❶ 宗旨和历史 [EB/OL]. [2021 – 05 – 20]. http：//creativecommons. net. cn/about/history/.
❷ 关于交叉补贴和第三方支付的具体运作机理及其在互联网产业中的地位与作用，本书第 3.3.2 节中已详细阐明，此处不再赘述。
❸ 具体的许可方式和权利内容前文已阐述，即"署名 + 非商业性使用 + 禁止演绎""署名 + 非商业性使用 + 相同方式共享""署名 + 非商业性使用""署名 + 禁止演绎""署名 + 相同方式共享""署名"。

第4章　制度评价与利弊考量：互联网环境下版权许可模式的反思

化。另一方面，开放许可是权利人自愿放弃部分权利内容，而并非公权力对版权专有性和排他性的限制与弱化。开放许可的规则设计"保全了版权产业的商业模式，使互联网产业与版权产业得以从冲突走向合作"。❶

伴随着数字和网络技术而发展起来的开放许可是权利人、互联网企业等社会主体自发形成的版权许可模式，而非版权立法的制度设计。换言之，开放许可并未被纳入到版权法的制度框架中。由此一来，在开放许可的运行过程中不可避免地产生两方面的发展瓶颈。其一，政策与制度激励不足。使用免费和版权人自愿是开放许可的前提和特征。而免费和自愿在开放许可的运行过程中会产生冲突和背离。使用免费导致版权人难以获得直接的经济利益，从而影响版权人参与开放许可的积极性。换言之，在市场经济条件下，开放许可的免费使用特征会不可避免地产生开放许可难以持续或进一步拓展其适用范围的问题。事实上，通过开放许可向公众提供的作品类似于经济学理论中的"公共产品"。按照经济学的基本原理，免费使用和版权人自愿会导致通过开放许可提供的"公共产品"（作品）产生供给不足的外部性问题。面对这一局面，需要国家通过立法或政策激励公共产品的产出，从而克服外部性问题带来的负面效应。事实上，公共政策和制度激励对于开放许可的普及和应用有重大影响。例如，政府可以通过采购开放源代码软件支持相关计算机软件的创新，通过财政补贴和税收减免支持私营企业提供的开放许可，实施开放标准支持信息交互性。上述措施都能实质性引导和推动开放许可的实施。❷ 其二，规范机制和救济措施缺乏。开放许可在运行过程中出现了一些与其基本宗旨和授权条件相悖的情况。以 CC 许可协议下的网络教育资源开放许可为例，版权人通过网络教育平台发布涉及哲学、历史、经济、计算机等领域的开放教育资源，其授权条件采用"署名＋非商业性使用＋相同方式共享"模式，即课程资源的使用者和传播者需要注明作者、不得商业性使用和以相同方式参与共

---

❶ 熊琦.著作权公共许可的功能转型与立法应对［J］.交大法学，2015（1）：58–59.
❷ 薛虹.十字路口的国际知识产权法［M］.北京：法律出版社，2012：278.

享。然而，有些课程资源在播放的过程中被植入了大量商业性广告。对此，有学者认为，"在公开课播放页面刊登商业广告却是一种商业性使用的行为，这违反了公开课所采用的 CC 协议的非商业性使用的要求"。❶

综上所述，开放许可拓展了社会公众获取、利用作品的渠道，契合了互联网产业的发展趋势和利益诉求。同时，以自愿、平等为基础的开放许可并非对版权专有性的限制与弱化，并未与版权产业的经营模式产生根本性冲突。事实上，在数字和网络技术推动下而自发形成的开放许可虽然与以产权化为立法路径的传统版权法体系存在诸多差异和分歧，但开放许可同时也是一种易于被版权产业和互联网产业接受的相当灵活的授权机制。

---

❶ 陷入版权"雷区" 海外公开课中国之路能否走好？[EB/OL].（2011-11-21）[2021-05-28]. http：//www.edu/cn/edu/gao_deng/gao_jiao_news/201111/t20111121_709539.shtml.

第5章 私人自治与法定安排：互联网环境下我国版权许可制度的完善

从印刷术的发明，到录音录像和广播技术的普及，再到互联网技术的盛行，传播技术的每一次重大突破和发展都引发了版权制度的变革。如前文所述，作为版权体系的重要组成部分，版权许可制度同样面临着网络技术所引发的诸多挑战，既有的版权许可模式出现了规则设计和保障措施等方面的弊端和不足。我们应当直面既有版权许可制度的不足和弊端，以保障版权主体权益和促进作品的有效利用、传播为基本目标，以纾解、协调版权产业与互联网产业的利益分歧为着力点，结合相关国家或地区版权立法的亮点与创新，对我国的版权许可制度作进一步的完善。

5.1 基本宗旨与应然方向

任何法律制度的设计都是为了实现特定的立法目标和价值。换言之，立法的基本宗旨和应然方向一定是统领具体制度设计的原则和"旗帜"。唯其如此，具体制度规则的设计和施行才能实现立法者所期望的立法目标，也才能真正实现制度绩效。具体到版权法领域，改革和创新现有的版权许可制度，以解决互联网环境下的现有版权许可制度的失灵与困境，必须先行确定稳固的立法旨趣和基本宗旨。在此基础上所形成的版权许可制度才会更加科学理性和相对稳定。❶ 因此，有必要从宏观上研判版权许可制度改革与创新的基本宗旨和应然方向。笔者认为，对基本宗旨和应然方向的判断，应当结合产业利益、科技潮流及行业规则等方面展开。

5.1.1　平衡许可收益与传播效率

在互联网环境下，作品利用方式常常表现为"版权主体—网络服务商—使用者"三方之间的版权授权模式。音乐、文字和影视作品的创作者和投资人等版权主体希望通过作品的授权许可获得收益，而网络服务商则希冀提高传播效率，迅速、便捷地向作品使用人提供廉价甚至免费的作品。版权产业和互联网产业商业模式的迥异，决定了前者追求通过传统的版权交易模式带来的收益，而后者则追求通过延迟收益、交叉补贴和第三方支付等商业模式带来的收益。

尽管版权产业和互联网产业在商业模式和产业利益方面存在分歧，但从文化产品的整体产业链条来看，作品的创作无论在何种技术环境下都是文化产业的源泉。因此，为激励和保障产业源头的产出稳定性，版权主体的许可收益必然是互联网时代立法首要考虑的重要因素。事实上，版权法从产生至今，都是围绕着提供文化产品内容的版权主体来进行制度设计

---

❶ 在《著作权法》第三次修改过程中，立法机关在具体规则的设计上表现出明显的踌躇和反复。以法定许可制度为例，2012年《著作权法（修改草案）》第46条规定了录音制品制作的法定许可制度，国家版权局在对该草案的立法说明中提到："著作权法定许可制度的价值取向和制度功能符合我国的基本国情（如教科书使用作品），目前该制度不成功的原因在于付酬机制和法律救济机制的缺失。"但随后的2012年《著作权法（修改草案第二稿）》则取消2012年《著作权法（修改草案）》中关于录音制品制作法定许可条款。2014年《著作权法（修订草案送审稿）》依然没有规定录音制品制作的法定许可。关于该送审稿条款的立法说明中的解释是："根据相关国际公约和社会各界意见，取消录音法定许可"。2020年11月11日公布的《著作权法》第42条规定："录音制作者使用他人已经合法录制为录音制品的音乐作品制作录音制品，可以不经著作权人许可，但应当按照规定支付报酬；著作权人声明不许使用的不得使用。"此规定与2010年《著作权法》完全一致。由此可见，立法机关对于法定许可制度的立法宗旨和立法价值，并未形成稳固而理性的认知，否则也不会仅仅根据社会各界的意见就草率地取消了录音制品制作的法定许可。因此，科学而理性的立法宗旨和立法价值的确立对于制度规则的相对稳定至关重要。概言之，只有在科学理性的立法旨趣和立法价值之下的制度规则才是相对稳固和科学的制度设计。

第 5 章 私人自治与法定安排：互联网环境下我国版权许可制度的完善

的。毋庸置疑，围绕版权主体的立法设计为作品的创作者和投资人提供了足够的经济诱因和制度激励。然而，在互联网时代，作品的快速传播和便捷实用成为互联网产业及网络用户的利益诉求。如果一味地维护作品创作者和投资人的利益，势必无法协调版权产业和互联网产业在产业利益诉求和商业模式方面的分歧与差异。鉴于此，互联网环境下版权许可制度的变革理应遵循如下思路：在"版权主体—网络服务商—使用者"的版权授权模式中，版权主体与网络服务商之间版权许可规则应当以实现版权主体的许可收益为优先，而在网络服务商与使用者之间的版权许可规则应当以实现传播效率为优先。许可收益和传播效率的协调对于激励作品的稳定产出和保障互联网环境下作品的有效利用至关重要。

依据前文所述的版权许可类型，在版权主体与网络服务商之间的授权环节中，通过版权集体管理组织的版权许可和法定许可是版权主体实现许可收益的基本途径。法定许可虽然简化了授权环节，并提高了作品使用与传播效率，但无法回避的事实是，法定许可并非采用市场化的作品使用定价方式，而是立法预设交易价格和条件。此外，如前文所述，我国法定许可制度中付酬机制的不完善，也导致版权主体对这一制度的诟病。从《著作权法》第三次修改过程中音乐产业界的质疑、反对的意见及 2014 年《著作权法（修订草案送审稿）》最终对录音制品制作法定许可的抛弃，不难发现，法定许可制度的适用范围不宜盲目扩大，相反，应当限缩法定许可的适用范围。而反观通过集体管理组织的版权许可模式，版权主体在这一过程中享有作品使用的定价权，因此，版权主体通过集体管理组织实现版权收益是一种市场化的版权交易行为。鉴于此，在版权主体与网络服务商之间的授权环节中，应当着重对版权集体管理组织制度及其相应配套措施进行立法创新与变革，使其能够从根本上遵循市场规律，实现版权主体的许可收益。

在网络服务商与使用者之间的授权环节中，版权许可立法规则的设计需要面对的是如何实现作品的高效传播、便捷使用，如何满足网络用户对海量作品的消费需求。基于此，网络服务商与网络用户之间的版权许可规则当以实现作品的传播效率为优先。事实上，互联网时代的传播效率的提高也是创作回报的必要条件。有学者在论及网络时代音乐版权许可模式时坦言："如果没有互联网产业主体的参与，著作权人无法独自赢得网络音乐市场。"❶ 因此，就版权许可规则的具体设计而言，应当从制度上激励有助于提高传播效率的开放许可等新型许可模式，并对版权集体管理制度进行市场化改革。

5.1.2 顺应互联网传播技术和制度构建市场化的发展潮流

如前文所述，版权法是技术进步的产物，印刷技术的出现孕育了版权保护的社会需求，模拟复制技术的应用拓展了版权保护的范围和内容，而互联网技术的普及更是使版权客体和版权内容趋于复杂化和多元化。换言之，版权法恰恰是在不断考量技术发展引发的利益失衡的过程中逐渐发展和变革的。人类社会进入互联网时代以来，网络的开放性、交互性和共享性使作品的创作、传播与使用更加迅速和便捷，为提升公众福祉提供了极大的空间。与此同时，互联网传播技术的普及和不断深化也给版权法带来了诸多冲击，版权主体的分散化和身份认定的复杂化以及版权产业与互联网产业的分歧使得版权制度不得不进行深刻变革与创新。事实上，在互联网环境下，版权法面临的困境在于互联网与生俱来的开放性、共享性与版权专有性之间的矛盾。笔者认为，互联网为社会公众获取、分享文化产品提供了无限可能的空间，在促进文化艺术繁荣和科技进步的进程中居功甚伟。版权法的制度构建应当尊重和激励新技术带来的公众福祉。鉴于此，版权法应及时调整立法理念与规则设计，顺应互联网传播技术的发展潮流。

就版权许可制度的构建而言，顺应互联网传播技术的发展潮流意味着

---

❶ 熊琦. 数字音乐之道：网络时代音乐著作权许可模式研究[M]. 北京：北京大学出版社, 2015：205.

版权许可制度当以市场化为改革方向,打破阻碍作品传播效率的行政性制度约束和瓶颈,并对代表网络技术发展潮流的开放许可等新型版权许可模式进行制度激励。首先,之所以确立版权许可制度的市场化的改革方向,是因为版权制度本质上是文化产品创造、传播和使用等商业运作在法律层面的反映。版权授权机制不但应激励文化产品的稳定产出,更应顺应传播方式的变革,促进文化信息的高效传播与分享。事实上,作品在更大范围的传播,并不会对版权的价值产生必然的减损;相反,作品通过包括移动互联设备在内的网络传播是在更大程度上利用版权价值。鉴于此,版权授权机制的变革应当充分考虑互联网产业的市场诉求,并尊重市场中已经形成并被各方利益主体普遍接受的版权规则。值得注意的是,"版权边际效用"的理念正在逐渐引起各方重视,"如果著作权人的作品在互联网中无限传播开来,那么,著作权人应当容许出现免费使用现象"[1]。这一理念无疑契合了互联网产业的利益诉求和网络用户的分享需求。其次,之所以对新型版权许可模式进行制度激励,是因为新型版权许可模式契合了互联网传播技术的发展趋势和相关产业的制度诉求。以开放许可为例,一方面,其顺应了传播技术的发展趋势,利用信息共享优势,促进了作品的有效利用与传播,并受到互联网产业的认可和青睐;但另一方面,开放许可是数字网络技术产业自发形成的版权利用方式,长久以来,开放许可并未被真正纳入版权法的调整范围。换言之,版权法的激励功能并未在开放许可中发挥其制度优势。

5.1.3 重视市场与行业的自生规则与秩序

众所周知,版权法是经济、科技与社会等多种因素合力催生并共同推进的制度产物。每一项具体的版权规则都是文化产品市场交易与传播在法

---

[1] 乔新生. 著作权保护规则需适应网络发展 [EB/OL]. (2014-11-28) [2021-05-28]. http://www.ce.cn/culture/gd/201411/28/t20141128_4002490.shtml.

律层面的反映。因此，市场交易过程中自发形成并被普遍接受的规则和秩序是科学确立版权许可制度改革方向的重要考量因素。事实上，从法律变迁的规律考察，私法制度的诞生和变革往往晚于相关行业和市场的发展进程。就互联网产业而言，"从结构上看，互联网是局部自治的，没有集中的管理和控制中心。"❶ 这种无中心化和分布式的"基因"为网络空间自治秩序的生成提供了极大的可能性。与此同时，"用户推动的创新"得以真正实现。维基百科是一个突出的例证，数量庞大的网络用户利用"用户生成内容"的创新模式汇集了海量的信息和知识。显然，互联网的生成和发展进程本身就是网络自治秩序的形成过程。版权法面对网络空间中已经形成的各种自治性规则与秩序，应当顺势而为，激励并规范有助于文化产品生成与传播的各项规则。换言之，"现实中的法律秩序与互联网对接的时候，不能违拗互联网的基因，不能无视网络开放、分享的文化和全球化、无国界的状态。"❷

具体到版权许可制度的构建，"一对一"的授权许可、通过集体管理组织的集中许可以及法定许可是前网络时代已然存在的传统授权模式，这些许可授权模式在互联网环境下需要变革与创新。但尤为值得关注的是知识经济时代市场自发形成并被广泛认可的新型版权许可模式。正如前文所述，默示许可是网络空间、网络社区中自发生成的秩序。诸多网站自发制定了默示许可的服务协议，以便能保障BBS、博客等社交网络平台的顺畅运行。❸ 默示许可实际上已经在网络空间中悄然盛行。这种由企业自发形成的版权授权模式受到互联网产业和网络用户的认可，并逐渐成为一种各方承认的社会规则。事实上，默示许可在互联网空间中的适用无疑契合了互联网的开放性和共享性"基因"，这种由市场交易习惯衍生出的网络规则将会自下而上地影响未来版权立法和司法实践。在互联网环境下，默示

---

❶ 薛虹. 十字路口的国际知识产权法 [M]. 北京：法律出版社，2012：9.
❷ 薛虹. 十字路口的国际知识产权法 [M]. 北京：法律出版社，2012：28.
❸ 例如，根据《新浪微博服务使用协议》第4.7条之规定，用户将享有版权的文字、图片等作品公布在新浪微博的行为，即视为对新浪公司进行了默示许可；同时，其他用户也可以进行转载和传播。

许可无疑有助于解决网络环境中海量作品的授权使用的难题,也有助于保护作品使用人的合理信赖,维护交易安全。鉴于此,版权许可的法律构造应当重视、尊重类似于默示许可这种行业自生的授权机制,并将其纳入版权立法体系中。

5.2 私人自治理念下版权集体管理组织许可的变革

正如前文在论及版权集体管理制度的缘起和功能中所言,从版权制度的历史演进过程来看,集体管理组织的诞生、发展和变革是作者权利观念的兴起和私权自治理念下作者自发组织能力释放的过程。换言之,版权交易规则是民商事规则的组成部分,作为版权交易市场的集中许可机制,版权集体管理组织许可应当奉行私人自治理念和市场化的改革方向。鉴于此,笔者认为,网络时代集体管理组织制度改革路径的设定需要解决如下论题:第一,互联网环境下集体管理的适用空间;第二,网络服务商参与集体管理的必要性与可行性;第三,契合互联网技术的作品登记与在线授权系统;第四,延伸性集体管理的适用性。

5.2.1 互联网时代版权集体管理制度面临的挑战及其适用空间

诞生于19世纪的版权集体管理组织,坚持版权专有性的同时实现了版权的集中管理和集中许可,并能够从交易信息搜索、缔约及合同执行等方面降低交易成本。毫无疑问,版权集体管理组织集中管理和集中许可的运营模式基本符合了文化产品市场各方的利益诉求。然而,接踵而来的问题是,这种诞生于前网络时代的集中许可/授权模式在互联网时代是否依然具有生命力和适用性?网络传播技术是否对集体管理和集中许可的利益格局产生冲击?网络时代集体管理制度的实践空间到底有多大?

从总体上而言，网络传播技术对版权利益格局和法律关系的冲击主要表现为：版权主体的分散化和身份认定的复杂化、版权客体保护标准的复杂化、私力救济的普遍化和常态化。具体到版权集体管理制度，笔者认为，相较于前网络时代的利益格局，互联网对集体管理制度的冲击主要表现为如下三个方面：第一，个别管理/授权成为可能。在前网络时代，由于信息不对称，版权主体与作品使用人无法建立起有效的交易渠道。事实上，也正是由于版权交易渠道的不顺畅才使得有必要对分散的版权进行集中管理和集中许可，这也是集体管理组织得以产生和发展的现实需求。然而，随着作品的数字化和传播的网络化，版权人自行进行个别管理成为可能。❶ 因为"技术措施能够对数字作品进行数字管理，使其能够适宜在网络传播"，❷ 版权人可以通过技术保护措施，借助"控制接触作品"和"控制使用作品"等数字化技术，❸ 实现作品的数字化管理和授权。尤为重要的是，版权人借助数字技术措施，实现了真正的私权自治，版权主体与使用者可以进行针对性的作品授权使用，极大地迎合了版权主体控制作品市场交易的愿望。此外，相较于通过版权集体管理组织的集中许可，利用数字技术的个别授权能够根据不同的使用需求、作品类型和权利内容采用区别定价、按次许可的模式，进而实现作品交易的市场化定价。显然，如果个别授权能够借助数字网络技术大面积运用，那么，必然会挤压版权集体管理组织的存在空间。第二，版权主体的分散化和多元化使得集中管理的覆盖面缩小。在前网络时代，创作的职业化和产业化特征尤为明显。然而，随着互联网技术的普及和盛行，尤其是在 Web 2.0 网络模式受到普通

---

❶ 例如，北京鸟人艺术推广有限责任公司诉九洲音像出版公司一案中，鸟人公司法人代表周亚平直言："鸟人公司与《两只蝴蝶》的词作者牛朝阳都不是音著协的会员。鸟人公司之所以买断了这支歌曲的版权同时又为推广这支歌曲投入高额的宣传成本，其目的就是垄断这支歌曲的艺术市场从而最大化地获得其商业利益。我们之所以不加入音著协，是因为我们能够控制的作品，我们不希望任何组织代替我们行使权利。"详见：交了相关费用超女还侵权 《两只蝴蝶》飞不出法庭？［EB/OL］. (2005 – 12 – 24). http://ent.qq.com/a/20051224/000016.htm.

❷ 北川善太郎. 网上信息、著作权与契约［J］. 渠涛, 译. 外国法译评, 1998 (3)：43.

❸ 控制接触作品的技术措施要求使用者输入特定的口令或密码才能接触或阅读作品；控制使用作品的技术措施可以控制作品的使用方式，或跟踪用户使用作品的频率和范围。

大众广泛青睐和追捧的环境下,"用户生成内容"成为互联网空间中的常态,大规模的网络用户得益于 Web 2.0 的作品生成模式,成为网络作品的创作者和传播者。作品创作与传播的主体由职业化、专业化向分散化、大众化转变。然而,集体管理组织采用的是会员制管理模式,这必然无法涵盖数量庞大且分散的作者群体,如此一来,版权集体管理制度的适用范围正在相对缩小。第三,使用费定价机制僵化。由于政府主导的先天基因,我国集体管理组织许可的价格机制采用了政府定价的模式。❶ 而集体管理组织许可定价的政府主导性质致使实践中质疑、抵制版权使用费的事件层出不穷。因此,定价机制的错位与僵化成为集体管理制度落后于数字网络技术的重要原因。

尽管集体管理制度在网络时代表现出诸多局限性,甚至面临来自版权产业和社会公众的质疑,但版权的私权属性和集体管理制度私权自治的天生"基因",使得集体管理制度只要适时地作出契合网络时代的调整和变革,仍然具有很大的存在空间。换言之,通过版权集体管理组织进行的集中许可机制本身是私人自治的产物,尽管这种集中许可机制在网络时代出现诸多不适,但并不能将其功能和价值全盘予以否定。只要根据传播技术的发展作出适时的调整和变革,集中许可机制依然是实现版权交易的重要渠道。

首先,个别管理与授权的局限性需要集中管理和集中许可。如前文所述,借助于数字网络技术,作品的个别管理与授权成为可能。但是,对绝大多数作者或权利人而言,或者由于技术能力的不足,或者出于经济成本的考虑,权利管理信息和技术保护措施并不能被全面运用。事实上,能够借助数字网络技术进行版权个别管理和授权的版权人,主要局限于一些大型的唱片和影视公司及具备经济和技术能力的其他企业。即便是未来数字技术的发展使得技术保护措施成本大幅降低,但囿于市场运作能力的匮

---

❶《著作权集体管理条例》第 25 条中规定:"著作权集体管理组织应当根据国务院著作权管理部门公告的使用费收取标准,与使用者约定收取使用费的具体数额。"

乏，所有的作者或权利人全面采用技术保护措施也不现实。因此，互联网环境下通过版权集体管理组织集中许可和版权人个别授权并存是必然的态势，版权集体管理制度依然有其广阔的经营运作空间。

其次，版权权利内容的"碎片化"需要集中管理和集中许可。从版权法的发展历程来看，从机械复制到模拟复制再到数字网络技术，每一次传播技术的发展催生了一项或多项版权权利内容。版权的财产权利内容丰富，数量众多，犹如"碎片"般呈现。此外，不同类型的版权内容及邻接权分散归属于作品的创作者、投资人及传播者。如此一来，版权交易的缔约过程自然会极其复杂，缔约成本居高不下。而通过集体管理组织进行的集中管理、集中许可就是一种相对高效率、低成本的授权模式。因此，"集体管理制度在数字化时代的继续存在，并非简单的人为设定，更多的是由于著作权权利碎片化的客观制约。"❶

最后，私人自治的坚守需要集中管理和集中许可。毋庸赘述，集体管理制度本身就是私人创制的产物，是降低大规模版权交易成本的制度工具。换言之，集中管理和集中许可的授权机制正是私人自治理念在版权交易环节的制度表现。

5.2.2 回归市场机制：网络服务商参与集体管理的未来愿景

如前文所述，网络时代版权许可制度的变革应当顺应互联网传播技术和市场化制度构建的发展潮流。传播技术的发展催生了互联网产业的崛起。与传统的版权产业/内容产业追求授权收益不同，互联网产业更加注重传播效率的实现。因此探讨集体管理制度的创新与改革也就无法对互联网产业的利益诉求视而不见。鉴于此，笔者认为，实现集中管理与集中许可制度真正创新的关键在于回归市场机制，取消对集体管理组织的行政化

---

❶ 王华. 我国著作权集体管理制度的困境与出路：以利益平衡为视角 [D]. 武汉：武汉大学，2013：134.

干预，允许网络服务商自行成立新的集体管理组织，并由其自行设定契合互联网各方利益诉求的许可模式。证明上述命题需从网络服务商参与集体管理的必要性和可行性、集体管理组织设立由行政许可主义向准则主义转变以及许可模式的革新等方面展开。

为实现网络时代作品传播效率的提高和满足网络用户的文化消费需求，立法应当允许网络服务商参与集体管理，组建新型的集体管理组织。在互联网时代，网络服务商以及由其组成的网络产业是作品传播的重要渠道。传统的版权集体管理制度虽然在网络时代仍有适用空间，但已表现出诸多不适和僵化。尤其是面对分散而隐秘的版权侵权行为，我国的集体管理组织一直通过诉讼途径，采取"围追堵截"的被动维权方式。导致这一局面的出现，有社会公众版权意识薄弱和执法力度不强等因素，但契合网络时代授权机制的不顺畅也是不可忽视的因素。网络服务商参与集体管理可以发挥互联网产业直接面对网络用户的先天优势，利用多元化的商业模式，满足作品的有效传播和用户的消费需求。事实上，从版权法的发展历程来看，由新兴产业主体组建集体管理组织并非没有先例。"美国广播组织为与音乐作品出版者展开竞争自行创建了集体管理组织 BMI，与出版者主导的集体管理组织 ASCAP 展开竞争，迫使后者在版税标准和许可条件上作出让步。"[1]

详言之，网络服务商以集体管理和集中许可的身份参与版权交易可以呈现出如下优势。

首先，通过网络服务商的集中许可能够利用传播效率的优势，通过多元化商业模式，实现权利人的版权收益。例如，Google 公司在推行"Google Library Project"[2] 的过程中，成立了图书权利登记处（Book Rights Registry），该登记处本质上与集体管理组织无异，其主要功能在于向已登记的版权人

---

[1] 熊琦. 数字音乐付费制度的未来模式探索 [J]. 知识产权，2013（7）：46.
[2] "Google Library Project"（谷歌图书馆计划）的核心是实现文字作品的数字化利用，目的是使全世界图书在网络中可搜索，建立世界最大的数字图书馆，依靠数字图书吸引浏览者与广告商，通过广告与数字图书销售获得经济收入。

分配作品市场化利用过程中的商业收益。申言之，版权人可以借助网络服务商的传播效率和用户规模优势扩张版权市场交易范围，更能够利用网络服务商的准集体管理组织者的身份实现和维护其版权收益。

其次，网络服务商能够针对网络用户灵活运用许可模式，满足市场化的多元需求。如前文所述，传统的集中许可往往采用概括许可的僵化模式，而网络服务商可针对市场和网络用户的多元化需求，灵活运用许可模式。换言之，网络服务商利用其技术和信息优势，既可以采用统一价格标准的概括许可模式，❶也可以针对不同的用户群体采用个性化的授权条件和模式。❷如此一来，网络服务商可以借助概括许可、开放许可等多样化的许可模式，满足网络用户的多元化需求和提高传播效率。

实现网络服务商参与版权集体管理与集中许可的愿景，需要版权集体管理制度作出相应的变革与创新。如前文所述，市场化和私权自治是版权许可制度改革的应然方向与基本宗旨，我国现行的集体管理制度存在市场化价格机制的缺失、专属协议的弊端及治理模式的垄断性等现实局限性。鉴于此，笔者认为，为打破网络服务商参与集中许可的制度瓶颈，有必要从如下方面改革相关制度与规则。

第一，在集体管理组织的设立规则方面，由行政许可主义向准则主义转变。

从经济效率角度看，设立规则的行政许可主义和治理格局的垄断性导致集体管理组织缺乏提高许可效率、优化内部管理的经济动力。此外，发

---

❶ 例如，苹果公司的在线音乐商店，对所有的数字音乐采用统一定价模式，并非按照版权人的要求根据音乐受众群体和规模进行区分定价。因此，统一的定价避免了烦琐的许可流程，有利于传播效率的提高。详见 GASSER U. iTunes：How Copyright, Cotract, and Techolgy Shape the Business of Digtial Media：A Case Study [R]. Berkm an Center for Internet and Society at Final Report, 2004：9.

❷ 例如，针对网络社区（各类论坛、BBS）中社群化的创作与作品传播，网络服务商运用开放许可，提高传播效率。《搜狐公众平台服务协议》第6条（知识产权）第3项规定："对于您通过搜狐公众平台上传、编辑或发布的任何内容，搜狐公司在全世界范围内不限形式和载体地享有永久的、不可撤销的、免费的、非独家的使用权和转授权的权利，包括但不限于修改、复制、发行、展览、改编、汇编、出版、翻译、信息网络传播、广播、表演和再创作及著作权法等法律法规确定的其他权利。"

达国家版权集体管理组织的历史缘起和运作过程证明私权自治和平等自愿是版权集体管理组织赖以有效运作的制度基础。因此,行政许可主义的设立规则不仅与市场化的版权许可制度改革方向背道而驰,而且也成了网络服务商参与集体管理和集中许可的制度瓶颈。鉴于此,集体管理组织的设立规则应当由行政许可主义向准则主义转变。唯其如此,才能促进竞争,提高效率,真正发挥市场机制的作用。

第二,取消专属许可的限制。作为一种私权自治的版权授权机制,通过版权集体管理组织进行的集中许可是连接权利人与使用人的纽带和桥梁,其运行当以服务文化产品市场的供求双方为宗旨,自愿、平等和意思表示一致理应是集中管理、集中许可的基础。然而,《著作权集体管理条例》似乎并未理会上述本应关注的基本理念,在第 20 条中规定了权利人与集体管理组织之间的专属许可。❶ 事实上,允许版权人加入集体管理组织之后,自行与作品使用人进行个别授权的非专属许可,能够体现和贯彻本书一直倡导的私权自治。换言之,集体管理组织和版权人同时享有许可权能够实现如下优势:其一,与前网络时代不同,在网络传播技术普及应用的环境下,通过各类在线交易平台的个别授权已然能够成为版权人实现收益最大化的版权许可方式;其二,实行非专属许可,允许版权人自行与作品使用人进行个别授权可以在一定程度上打破集体管理组织的垄断地位,回归版权许可的市场机制。

第三,允许营利性集体管理组织存在。《著作权集体管理条例》第 3 条将我国集体管理组织限定为非营利性的社会团体。❷ 那么,接下来的问

---

❶ 《著作权集体管理条例》第 20 条规定:"权利人与著作权集体管理组织订立著作权集体管理合同后,不得在合同约定期限内自己行使或者许可他人行使合同约定的由著作权集体管理组织行使的权利。"

❷ 《著作权集体管理条例》第 3 条规定:"本条例所称著作权集体管理组织,是指为权利人的利益依法设立,根据权利人授权、对权利人的著作权或者与著作权有关的权利进行集体管理的社会团体。著作权集体管理组织应当依照有关社会团体登记管理的行政法规和本条例的规定进行登记并开展活动。"而根据《社会团体登记管理条例》第 2 条之规定,社会团体是指中国公民自愿组成,为实现会员共同意愿,按照其章程开展活动的非营利性社会组织,国家机关以外的组织可以作为会员单位加入社会团体。

题是，立法的坚守是否意味着非营利性必然是集体管理组织的必要条件和先决前提？从社会与经济功能来看，集体管理组织是代表权利人进行版权交易的市场经济主体，其从事的作品授权、费用收取等行为本质上也是市场经济条件下的经营性行为。从国际条约来看，《伯尔尼公约》并未对集体管理组织的性质作出特别要求，而是由成员国自行决定。[1] 从经济理论上而言，在市场失灵或政府失灵的情况下，需要非营利性（或公益性）的组织弥补市场自身运行的不足。然而，就目前的版权交易市场而言，并未出现上述市场或政府失灵的状况。事实上，集体管理组织的作用并非向社会供给市场无法提供的公共物品，而是通过集中许可的模式降低交易成本。况且，集体管理组织从事的集体管理、集中许可和版权维权等行为本身也是经营性的行为。显然，非营利性并非集体管理组织运行的必要条件。立法强制要求集体管理组织的非营利性反而会导致其积极性不够，激励匮乏。鉴于此，立法应当取消集体管理组织非营利性的限制，允许营利性版权集体管理组织的存在。如此一来，可以为网络服务商自行设立版权集体管理组织消弭制度上的障碍。

5.2.3 应时所需：集体管理数字化建设的制度支撑

无须赘述，数字和网络传播技术是版权集体管理制度无法回避的社会潮流。鉴于此，就制度创新层面上而言，集体管理制度的革新应当以促进和保障集体管理数字化和集中许可的在线化为着力点。值得一提的是，我国《著作权法》在第三次修改过程中已经开始进行作品数字化登记制度的尝试。2014 年《著作权法（修订草案送审稿）》明确了版权权利登记的证

---

[1]《伯尔尼公约》第 11 条之二中规定："1. 文学艺术作品的作者享有下列专有权利：……2. 行使以上第一款所指的权利的条件由本同盟成员国的法律规定，但这些条件的效力严格限于对此作出规定的国家。在任何情况下，这些条件均不应有损于作者的精神权利，也不应有损于作者获得合理报酬的权利，该报酬在没有协议情况下应由主管当局规定。"

第 5 章 私人自治与法定安排：互联网环境下我国版权许可制度的完善

明效力，❶ "为降低版权交易风险，避免权属争议提供了制度保障。"❷ 2020 年《著作权法》第 12 条第 2 款对作品登记作了原则性规定："作者等著作权人可以向国家著作权主管部门认定的登记机构办理作品登记。" 笔者认为，论及集体管理数字化的制度支撑应从作品的数字化登记、查询制度、在线授权系统等方面展开。

1. 作品信息登记系统的制度支撑

作品信息的完备和版权主体的明晰是版权交易的前提。在数字化时代，架构全国性的作品、版权信息公布平台是集体管理组织的首要任务。信息平台的具体内容应当涵盖作品信息与权利状态两大方面。申言之，作品信息包括作品名称与类型、作品内容概要、作者信息等，权利状态包括版权主体、权利内容和有效期等。显然，版权信息平台的有效架构既可以为版权人的权利状态发挥初步证明的效力，也便于版权人与作品使用人建立有效的授权链接。事实上，我国音乐著作权协会已经向社会推出了数字音乐版权注册平台（MORP）❸。该平台可为"原创音乐作词者、作曲者提供唯一编码版权保护识别临时码，并通过 DRM 技术保护注册用户的音乐版权"❹。本书无意于讨论作品注册平台的具体运作，但如何从制度上激励和促进作品登记平台的广泛建立与应用则是本书所关注的问题。笔者认为，集

---

❶ 2014 年《著作权法（修订草案送审稿）》第 8 条规定："著作权人和相关权人可以向国务院著作权行政管理部门设立的专门登记机构进行著作权或者相关权登记。登记文书是登记事项属实的初步证明。登记应当缴纳费用，收费标准由国务院财政、价格管理部门确定。著作权和相关权登记管理办法由国务院著作权行政管理部门另行规定。"

❷ 国家版权局 2014 年 6 月《关于〈中华人民共和国著作权法〉（修订草案送审稿）的说明》。

❸ MORP 是英文 "Music On-line Register Platform"（音乐版权在线注册平台）的缩写，具有开放性、权威性、唯一性、安全性、操作方便性等特点。MORP 可对原创音乐的词、曲等作品进行在线版权注册。作品注册成功后，MORP 系统将自动生成国际标准的唯一临时编码，该代码是全球性音乐版权代码。通过版权注册号码，各个国家的音乐版权协会将提供相应的版权代理保护，如该作品在这些国家内被使用，当地音乐版权协会代理收取版权费，并通过中国音乐著作权协会将费用转给版权人。详见：中国音乐著作权协会数字音乐版权注册平台（MORP）网站（http://morp.mcsc.com.cn/www_new/s9.php）。

❹ 参见中国音乐著作权协会数字音乐版权注册平台（MORP）"常见问题"栏目（http://morp.mcsc.com.cn/www_new/s9.php）。

153

体管理组织所推出的作品/版权登记平台乃是私人自治理念在作品管理技术中的体现,也是网络时代版权交易市场化运行的前提。因此,未来的版权立法可以考虑将建立数字化作品登记平台作为集体管理组织的一项法定义务,以此促进和激励数字化作品信息登记系统的架构。事实上,在数字网络时代,上述义务在技术上并非难以企及,尤其是在网络服务商参与版权集体管理和集中许可情况下,网络服务商更容易借助其自身的技术优势,有效建立数字化作品登记信息系统,故立法上也更有必要强化网络服务商的作品信息登记系统的建设义务。此外,为鼓励版权人主动进行作品数字化登记,立法也应明确作品登记的免费或象征性收费的法律规则。

2. 作品在线授权系统的制度支撑

版权集体管理组织是以中间人的身份在版权交易市场中承担着连接版权主体和作品使用人的角色。如前文所述,集体管理组织在网络时代面临着个别授权挤压和版权主体分散等诸多现实挑战。因此,集体管理组织需要提高版权授权/许可效率,以实现作品在版权市场的高速、便捷流转。作品在线授权系统以集体管理组织为依托,借助数字网络技术,实现版权授权的便捷化,其最大的优势在于"版权交易各方的意志与利益追求通过在线交易得以充分的表达和实现"❶。国外已经有相对成熟的在线授权系统,美国版权结算中心❷和日本 E-License 在线授权系统中心就是典型的版权在线授权系统。事实上,前文已提到,我国音乐著作权协会已经向社会推出了数字音乐版权注册平台。然而,受技术和配套制度等因素的制约,该平台基本上停留在登记注册的初始阶段,而所谓作品与版权的交易本质上仅是在网络上公示交易流程。鉴于此,笔者认为,作品在线授权系统的架构是一个涉及技术、法律与各类配套措施的系统工程,其不仅牵涉到版

---

❶ 王华. 我国著作权集体管理制度的困境与出路:以利益平衡为视角 [D]. 武汉:武汉大学,2013:147.

❷ 美国版权结算中心(Copyright Clearance Center, CCC)采用自愿登记的运营模式,在作品持有者和使用者之间搭建"版权超市",并通过集体授权,以提高许可效率。详见:橘子. 美国版权结算中心:如何让内容变成收益 [EB/OL]. (2013 - 06 - 15) [2021 - 05 - 10]. http://www.ce.cn/culture/gd/201306/15/t20130615_24481209.shtml.

权制度，更涉及网络身份认证和网络信用机制等配套措施的完善。事实上，版权人与使用人通过作品在线授权系统达成的版权交易本质上是一种版权交易领域的电子商务。而网络身份认证制度则是在线版权交易的重要保障。同时，网络信用机制也是作品在线授权系统得以有效、合法运行的核心配套措施。因此，未来的版权集体管理组织作品在线授权系统的架构也有赖于电子商务制度中网络身份认证制度与网络信用机制的完善。

5.2.4 理性对待：延伸性集体管理宜缓行

在《著作权法》第三次修改过程中，源自北欧国家的延伸性集体管理制度❶成为各方关注和热议的焦点，而立法者对延伸性集体管理的态度也经历了雄心勃勃全面引进到理智谨慎部分采纳的转变。2012年《著作权法（修改草案）》中几乎全盘引进了延伸性集体管理制度。❷ 草案制定者认为："很多作者还没有加入相应的集体管理组织，在现实中常常出现使用者愿意合法使用作品却找不到权利人的情况。为解决使用者使用作品的困境，……原则性规定了延伸性集体管理制度。"❸ 随后，在2012年《著作权法（修改草案第二稿）》中将延伸性集体管理的适用范围限缩于广播电台、电视台和自主点歌系统经营者的特定使用方式。❹ 而2014年《著作权法（修

---

❶ 传统的版权集体管理需要以权利人对集体管理组织的授权为前提，换言之，集体管理仅限于对会员作品的"管理"。而所谓延伸性集体管理，是在特定条件下集体管理组织对作品的集中管理和许可扩大到非会员权利人，以此应对权利人分散之局面和满足大规模许可之需要。

❷ 2012年《著作权法（修改草案）》第60条规定："著作权集体管理组织取得权利人授权并能在全国范围代表权利人利益的，可以向国务院著作权行政管理部门申请代表全体权利人行使著作权或者相关权，权利人书面声明不得集体管理的除外。"

❸ 国家版权局2012年3月《关于〈中华人民共和国著作权法〉（修改草案）的简要说明》。

❹ 2012年《著作权法（修改草案第二稿）》第60条规定："著作权集体管理组织取得权利人授权并能在全国范围内代表权利人利益的，可以下列使用方式代表全体权利人行使著作权或者相关权，权利人书面声明不得集体管理的除外：（一）广播电台、电视台播放已经发表的文字、音乐、美术或者摄影作品；（二）自助点歌经营者通过自助点歌系统向公众传播已经发表的音乐或者视听作品。著作权集体管理组织在转付相关使用费时，应当平等对待所有权利人。"

订草案送审稿)》则进一步将延伸性集体管理限缩于自主点歌系统。❶ 然而,2020年《著作权法》却并未规定延伸性集体管理制度。显然,在我国《著作权法》第三次修改过程中,延伸性集体管理制度经历了"整体引入"到"适度压缩"再到"全面放弃"的过程。事实上,这种立法态度的转变是立法者的美好期许与社会各界的质疑双重作用与妥协的结果。❷ 毋庸置疑,关于延伸性集体管理的争议将会在很长一段时间内存在。关于该制度的来龙去脉及其所依赖的基本理论,本书不再赘述。笔者所要重点探究的问题是,我国是否存在延伸性集体管理的制度土壤和实施空间?互联网环境下延伸性集体管理是否能够如立法者的期许——保障权利人利益的前提下解决授权困境?笔者认为,在现有的制度环境下,延伸性集体管理制度有悖于版权许可的私人自治原则和理念,我国现阶段不宜引入延伸性集体管理制度。

第一,我国现阶段缺乏延伸性集体管理制度的社会基础和配套措施。

法律制度的移植与引入并非单纯地对国外或国际立法的简单复制与照搬。事实上,任何一种看上去很美的制度都有其赖以适用的制度土壤和配套措施。申言之,对任何一项制度与规则的分析不能仅局限于该制度本身的法律构造,而应透视其背后的社会环境、产业格局及配套措施。

滥觞于北欧五国的延伸性集体管理制度❸,旨在解决大规模分散性的作品的集体管理与集中许可,具有鲜明的制度特征和制度环境。就制度特征而言,能够运用延伸性管理的组织具有非常广泛的代表性,而且此处的

---

❶ 2014年《著作权法(修订草案送审稿)》第63条规定:"著作权集体管理组织取得权利人授权并能在全国范围内代表权利人利益的,可以就自助点歌系统向公众传播已经发表的音乐或者视听作品以及其他方式使用作品,代表全体权利人行使著作权或者相关权,权利人书面声明不得集体管理的除外。著作权集体管理组织在转付相关使用费时,应当平等对待所有权利人。"

❷ 延伸性集体管理在音乐界的质疑尤为明显。很多音乐人士认为,著作权延伸管理规定不合时宜,很可能造成权利人的"被代表"状况出现。这种在集体管理组织垄断化、公权化以及授权协商机制欠缺的前提下,延伸管理的规定虽然初衷良好,但很容易导致"种下龙种,收获跳蚤"。详见:陈明涛. 学者称《著作权法》延伸性集体管理制度不合时宜 [EB/OL]. (2012 - 09 - 28). http://www.chinanews.com/fz/2012/09 - 28/4218444.shtml.

❸ 北欧的丹麦、芬兰、冰岛、挪威和瑞典五个国家自20世纪60年代开始,逐渐建立并适用延伸性集体管理制度。上述五国不仅地缘相近,而且历史传统、政治环境和经济结构等社会背景相似,故诸多法律制度也较为相似。

第 5 章 私人自治与法定安排：互联网环境下我国版权许可制度的完善

"代表性"强调会员数量上的绝对多数。❶ 如此的立法设计在于保证运用延伸性集体管理的组织能够被绝大多数权利人认可，进而能够合理推定该组织也基本契合非会员权利人❷的诉求和利益。此外，组织外部的非会员权利人的利益也能够得到充分保障。显而易见，并非所有的权利人都愿意被延伸性集体管理。如果没有相应的体现私人自治的条款进行例外性约束，那么，该制度就与强制许可无异。因此，北欧国家着眼于非会员权利人的利益保障，设计了报酬请求权和退出权。前者指非会员权利人可以单独向集体管理组织提出作品使用的报酬。后者则是指一种选择性退出机制，即权利人在任何阶段都有权选择退出延伸性集体管理。就制度环境而言，北欧的延伸性集体管理制度建立在特定文化传统的社会背景之上。其中最为重要的因素在于北欧国家的法律制度和公共政策建立在政治高度互信和制度公开透明的社会基础之上，❸ 这对于未经权利人授权就对其作品进行经营性使用的延伸性管理极为重要。非会员权利人对于集体管理组织高度信任，同时，集体管理组织的授权协议、版税收转及分配也高度透明化。如此一来，延伸性管理获得了权利人和社会公众的一致认可。

相比之下，我国集体管理组织起步较晚，且行政性、官方性和垄断性色彩浓厚，与延伸性集体管理相契合的制度土壤、现实需求和配套措施尚付阙如。事实上，如前文所述，我国集体管理制度受到来自产业界和权利人质疑和批评，其并未获得权利人的广泛认同。这也就导致延伸性集体管理的先决条件——集体管理组织广泛代表性的缺失。从现实情况来看，诸多使用音乐作品的网络服务商通过与唱片公司协商获得版权许可，而非通过集体管理组织获得授权。❹ 造成上述结果的原因，更多地来自我国集体

---

❶ 梁志文. 著作权延伸性集体许可制度的移植与创制［J］. 法学，2012（8）：122-131.
❷ 本书所称的"非会员权利人"是指未加入相关的版权集体管理组织，但其版权被某个集体管理组织延伸性管理的权利人。
❸ RII T, SCHOVSBO J. Extended Collective Licenses and the Nordic Experience: It's a Hybrid but Is It a Volvo or a Lemon?［J］. The Columbia Journal of Law & the Arts, 2010, 33（4）：471, 472.
❹ 熊琦. 音乐产业"独家正版"背后的赢利之道［EB/OL］.（2015-05-20）［2021-05-10］. http://www.ce.cn/culture/gd/201505/20/t20150520_5412326.shtml.

管理组织设立和运行中缺乏市场机制之弊端。如前文所述，集体管理组织设立的行政许可主义、专属许可协议的限制以及治理模式的垄断性导致了权利人对集体管理组织怀疑和不信任。如果在这样的情形下引入延伸性集体管理制度，势必会导致该制度的异化，加剧集体管理组织的垄断性，并进一步有损于私人自治的基本方向和原则。此外，科学理性的延伸性集体管理需要两项必备的配套措施，即集体管理组织对非会员权利人的事前告知义务和健全的退出机制。而2014年《著作权法（修订草案送审稿）》并未设置事前告知义务，对于权利人的退出权也规定得较为笼统，缺乏操作性。❶ 综上，就我国目前的制度环境而言，集体管理组织广泛代表性先决要件和相关配套措施的缺乏，使得我国现阶段不具备延伸性集体管理所依赖的制度土壤。

第二，延伸性集体管理在一定程度上会增加社会负担。

从法经济学的角度而言，对一项制度进行的理性评判不应拘泥于制度本身的设计，更为重要的是对该制度施行之后社会成本与收益的考量。表面上看，延伸性集体管理省却了作品使用人与非会员权利人之间的协商谈判过程，进而降低了交易成本，有利于版权许可/授权效率的提高。然而，有可能被忽视的一个因素是，在某些领域和特定情形下，作者似乎希望自己的作品在更大范围和以更快速度传播。换言之，作者并非希冀在作品的传播和使用过程获得经济利益，而是更在意作品的影响范围和社会评价。如此一来，代替作者维权并收取使用费的延伸性集体管理反而成为一种版权交易市场的"越俎代庖"行为，不仅与作者意愿相左，也隐形地增加了社会负担。

上述作者对其作品收益的"漠视"态度并非空穴来风。在网络时代，特别是在Web 2.0网络模式受到普通大众广泛青睐和追捧的环境下，作品

---

❶ 2014年《著作权法（修订草案送审稿）》第63条规定："著作权集体管理组织取得权利人授权并能在全国范围内代表权利人利益的，可以就自助点歌系统向公众传播已经发表的音乐或者视听作品以及其他方式使用作品，代表全体权利人行使著作权或者相关权，权利人书面声明不得集体管理的除外。著作权集体管理组织在转付相关使用费时，应当平等对待所有权利人。"

创作与传播的目的呈现多元化趋势，而不再仅限于获取经济收益。大量的网络用户为了满足自我表达和社会交往等非经济需求，将作品的创作与传播视为参与社会生活的方式，而非单纯地获取经济收益。❶ "用户生成内容"的作品生成模式，打破了以追求经济回报为目的的作品创作格局，"在市场机制和财产权体制之外形成了巨大的生产力"。❷ 此外，在版权法中有一个极易被人忽略的事实，即版权保护并非激励创作的唯一机制。事实上，政府资助、学位获取、社会荣誉等都可能激励作者进行创作。换言之，当某些作品无法体现市场交易价值，但该类作品又是社会进步和文化发展必不可少的成果时，政府常常通过各类课题和项目资助研究人员进行文化创作。这一现象在学术界尤为明显。因此，对于研究人员而言，"政府资助的激励作用远远超过著作权法所提供的产权激励"❸。在上述两类情形中，作者并不在意自己的作品是否可以在版权市场上获得经济利益，对自己的权利也往往采取"漠视"的态度，而恰恰是这种积极的"漠视"使作品的传播、使用成本大大降低，社会公众也因此而受益。显然，在这样的情形下，延伸性集体管理不但毫无必要，而且会无端地增加不必要的社会成本。当然，上述现象并非版权市场的普遍情况，但对于一项我国著作权法中准备移植的制度，全面而理性的评判自然必不可少。

5.3 开放许可的制度激励与法律规制❹

如果说版权的专有性与互联网的共享性存在冲突和矛盾，那么，版权许可中的开放许可模式无疑是纾解这一冲突最为有效的缓冲途径和"润滑剂"。

---

❶ 转引自：熊琦. Web 2.0 时代的著作权法：问题、争议与应对 [J]. 政法论坛，2014（4）：86.
❷ 薛虹. 十字路口的国际知识产权法 [M]. 北京：法律出版社，2012：14.
❸ 崔国斌. 著作权法原理与案例 [M]. 北京：北京大学出版社，2014：11.
❹ 赵锐. 开放许可：制度优势与法律构造 [J]. 知识产权，2017（6）：56-61.

原因在于，尽管各国版权立法存在诸多差异和分歧，但无一例外都是以产权化的立法路径来进行具体制度与规则的设计。而产权化的立法路径决定了除法定情形外，使用作品之前须征得版权人的同意。而开放许可则开创了作品利用的新方式——版权人自愿放弃部分权利，允许社会大众在一定范围内自由使用作品。毋庸置疑，开放许可顺应了互联网传播技术的发展趋势，利用信息共享优势，促进了作品的有效利用与传播，并受到互联网产业的认可和青睐。然而，开放许可并非版权立法的主动创设，而是数字网络技术产业自发形成的作品使用和版权利用方式。因此，长久以来，开放许可并未被真正纳入版权法的调整范围。换言之，版权法的激励功能并未在开放许可中真正发挥其制度优势。而制度激励的不足也导致了契合网络传播技术的开放许可模式发展缓慢，障碍重重，版权人救济途径也相对匮乏。鉴于此，在前文已经对开放许可的缘起、内容、制度优势和发展瓶颈全面分析的基础上，有必要进一步探究如何从制度上激励和规范开放许可。笔者认为，目前，开放许可的发展瓶颈主要体现在两方面：一是政策与制度激励不足，二是规范机制和救济措施缺乏。而解决上述发展瓶颈需从明确法律效力、建立政策激励与制度规范机制以及完善救济措施等方面展开。

5.3.1 制度激励：利用公共政策引导和推动开放许可的实施

论及互联网时代的版权许可，作品的传播效率与版权保护始终在一定程度上存在差异和冲突。提高作品的传播效率往往意味着对版权交易过程的简化和交易成本的降低，这就需要对版权内容作出必要的限制和压缩。事实上，版权法中法定许可和强制许可就带有促进传播效率提高的立法色彩。开放许可则另辟蹊径，权利人自愿放弃部分权利，允许公众在一定范围内自由地对作品进行衍生性使用。❶ 显然，在开放许可模式下，权利的

---

❶ 作品衍生性利用包括对原作品（特别是计算机软件）进行共享、修改、改编和传播等后续性利用与创新。

第5章 私人自治与法定安排：互联网环境下我国版权许可制度的完善

部分放弃并非版权法中的权利限制制度，而是权利人自愿行使版权的特殊方式。因此，开放许可无疑既是对版权专有性的尊重与坚守，也能契合网络时代公众对作品传播与使用的诉求。因此，开放许可是调和、纾解版权专有性和网络共享性之间冲突的有效路径。然而，政策与制度激励不足是开放许可的发展瓶颈。开放许可的关键在于权利人对部分权利的自愿放弃和公众对作品的免费使用。不难发现，使用免费导致版权人难以获得直接的经济利益，从而影响版权人参与开放许可的积极性。事实上，在开放许可模式下产生的作品类似于经济学理论中的"公共产品"。公共产品（作品）供给不足的外部性问题需要国家通过共公共政策进行激励与补贴。

毋庸置疑，"公共政策对于开放许可的普及和应用有很大的影响"。❶公共政策应当在开放许可的发展中起到"推波助澜"的作用。申言之，未来版权立法的创新应当关涉公共政策在开放许可发展中的积极作用，从政府采购、开放获取等诸多方面引导和激励开放许可的实施。首先，通过政府采购开源软件等作品促进开放许可成果的有效产出。自由软件运动倡导下的开放源代码具有如下优势：众多天才的集合，模块化的修改，便利的交易，容易推进的标准化和减少故障排除成本。❷ 同时，如前文所述，作为开放许可的源头和代表，衍生性使用的免费特征造就了开源软件的公共产品性质。鉴于此，政府应当加大对开源软件的采购力度，为开源软件的应用与实施提供资金和市场的支持。事实上，国际上政府向开源软件的政策倾斜和资金支持已经是大势所趋。❸ 我国未来立法也应从政府采购开源软件的具体规则、例外情形及安全保障等方面予以激励和规范。其次，利用公共政策支持开放获取所有通过政府补贴或资助形成的成果（例如，通过财政资金资助的研究成果、政府收集的数据与资料、公共资金支持的文

---

❶ 薛虹. 十字路口的国际知识产权法 [M]. 北京：法律出版社，2012：278.
❷ 埃因霍恩. 媒体、技术和版权：经济与法律的融合 [M]. 赵启杉，译. 北京：北京大学出版社，2012：240.
❸ 开源的巨大胜利，印度强制要求其政府使用开源软件 [EB/OL]. [2021-05-21]. http://www.th7.cn/system/lin/201506/109084.shtml；英国政府下令首选开源软件 [EB/OL]. [2021-05-21]. http://www.csdn.net/article/2013-03-18/2814524-Open-Source.

化产品等），以此确保利用公共资金获得的文学、艺术和科学作品能为公众使用。❶

5.3.2 法律规制：完善开放许可协议的效力规则与救济机制

尽管各种开放许可协议内容有所差异、规则有所不同，但不可否认的是，版权法中的开放许可是权利人自愿放弃部分权利，允许公众在一定范围内，遵循相关规则自由使用作品的许可模式。因此，开放许可协议的核心和前提是权利人自愿。然而，由于开放许可协议效力的相对性，单纯依靠参与者的自愿难以保障开放许可协议在后续使用中的约束力和持续性。换言之，开放许可的有效实施，"需要确保许可协议和条件在作品传播过程中的统一性，以避免其他主体违反协议内容而将许可对象重新纳入著作权的保护范围"。❷

基于上述分析，版权法对开放许可协议的调整与规范，首要的任务在于强化开放许可协议的效力，并明确侵权责任与救济机制。有学者认为，开放许可协议效力的强化应从两方面展开：其一，将开放许可协议条款纳入"权利管理信息"范围；其二，明确原作品版权人侵权赔偿请求权。❸ 笔者认为，开放许可协议效力的相对性和实施的自愿性，导致作品在传播与衍生性利用过程中难以保持协议框架的约束力、同一性和持续性。因此，上述学者的观点切中开放许可实施中的发展瓶颈和制度障碍。笔者赞同上述卓见，并认为应从以下几方面进一步丰富与完善。

首先，从立法层面明确开放许可协议的法律保护。不同于普通的民事协议，开放许可协议乃是在作品传播和衍生性使用过程中，权利人、作品的使用者和传播者之间形成的版权许可协议。为了保证开放许可在实施中

---

❶ 薛虹. 十字路口的国际知识产权法 [M]. 北京：法律出版社，2012：278.
❷ CARVER B W. Share and share Alike：Understanding and Enforcing open source and software Licenses [J]. Berkeley Technology Law Journal, 2005, 20 (1)：444.
❸ 熊琦. 著作权公共许可的功能转型与立法应对 [J]. 交大法学，2015 (1)：63.

第5章 私人自治与法定安排：互联网环境下我国版权许可制度的完善

适用对象的平等性[1]以及协议内容的持续性和同一性，需要后续使用人遵守和贯彻开放许可的基本精神和协议条款。然而，如前文所述，自愿又是开放许可的前提，但仅仅依靠参与者的自愿又难以保持开放许可协议的持续性和同一性。同时，单纯靠自愿遵守并不能让开放许可远离版权侵权纠纷。开放许可要走向市场和全面实施，必须建立在坚实的版权法基础之上，并给权利人、传播者和用户以参与开放许可的信心。鉴于此，作为契合互联网传播技术的新型版权许可模式，开放许可应当被版权立法所关注。未来的版权立法有必要对开放许可作出科学的制度安排。

其次，通过权利管理信息制度，[2]标记开放许可的权利客体，约束后续开放许可条件的同一性和持续性。在版权法中，权利管理信息与特定作品进行结合，能够发挥向社会公众通知许可条件的功能。因此，立法禁止他人改变或删除权利管理信息，能够在一定程度上减少善意第三方侵权的可能性。[3]显然，权利管理信息制度对于维护开放许可效力的持续性和同一性至关重要。数字网络时代，在开放许可模式下，作品的传播和衍生性使用都带有相应的权利管理信息（如知识共享组织对CC许可协议的各类识别性标记）。《著作权法》和《信息网络传播权保护条例》对权利管理信息的法律保护作出了相应的规定。[4]然而，上述法律法规对权利管理信

---

[1] 平等性是开放许可的根本要求之一。开放许可面向所有使用者，无论私人或学术使用或者营利性使用。

[2] 一般而言，版权法中的权利管理信息是用以识别特定作品、权利人的身份以及版权许可条件的信息。依据2014年《著作权法（修订草案送审稿）》第68条之规定，权利管理信息指"说明作品及其作者、表演及其表演者、录音制品及其制作者的信息、广播电视节目及其广播电台电视台，作品、表演、录音制品以及广播电视节目权利人的信息和使用条件的信息，以及表示上述信息的数字或者代码"。

[3] 崔国斌. 著作权法原理与案例［M］. 北京：北京大学出版社，2014：872.

[4] 《著作权法》第53条列举了侵犯著作权的行为，其中第7项为："未经著作权人或者与著作权有关的权利人许可，故意删除或者改变作品、版式设计、表演、录音录像制品或者广播、电视上的权利管理信息的，知道或者应当知道作品、版式设计、表演、录音录像制品或者广播、电视上的权利管理信息未经许可被删除或者改变，仍然向公众提供的，法律、行政法规另有规定的除外"；《信息网络传播权保护条例》第5条："未经权利人许可，任何组织或者个人不得进行下列行为：（一）故意删除或者改变通过信息网络向公众提供的作品、表演、录音录像制品的权利管理电子信息，但由于技术上的原因无法避免删除或者改变的除外；（二）通过信息网络向公众提供明知或者应知未经权利人许可被删除或者改变权利管理电子信息的作品、表演、录音录像制品。"

163

息的规定尚存不足。在法律概念上，将权利管理信息称为"权利管理电子信息"。事实上，权利管理信息不仅局限于电子或数字形态；在立法体例上，对权利管理信息的删除和改变行为毕竟不同于对作品的复制、发行、信息网络传播等一般的版权侵权行为，但现行版权立法并未将侵犯权利信息管理制度从立法体例上单独规定。值得一提的是，在《著作权法》第三次修改过程中，从2012年《著作权法（修改草案）、2012年《著作权法（修改草案第二稿）》到2014年《著作权法（修订草案送审稿）》,❶都对权利管理信息制度进行单独规定，并在法律名称与具体规则上与WCT等国际条约大体接轨。具体到开放许可，将能够识别许可条件的标识纳入权利管理信息系统，禁止第三人改变和删除。如此一来，可以统一开放许可保准，使开放许可的实施具有持续性和同一性。

最后，厘定开放许可协议的责任分配。在开放许可模式下，虽然权利人自愿放弃了部分权利，但需要明确的是，权利的"放弃"并非意味着权利人对其版权的彻底抛弃。开放许可中权利的放弃实际上是权利人行使权利的一种特殊方式。换言之，权利人对部分权利的释放，是以使用人对作品进行传播或衍生性使用遵守许可协议为前提。因此，在开放许可模式下，如果作品使用人的衍生性行为有悖于开放许可协议条款，则应当突破合同相对性约束规则，允许原始作品的版权人向违反协议条款的使用者主张侵权损害赔偿。

总之，版权立法有必要关涉开放许可，并对其进行调整与规范，强化开放许可协议的效力，并明确侵权责任与救济机制。唯其如此，才能实现开放许可运动的初衷。

---

❶ 详见：2012年《著作权法（修改草案）》第64条、第66条；2012年《著作权法（修改草案第二稿）》第64条、第66条；2014年《著作权法（修订草案送审稿）》第68条、第70条。

5.4 默示许可的制度反思与法律构造

论及网络环境下的版权许可制度，默示许可无疑是一种能够有效提高作品传播效率的版权许可模式。默示许可是依据权利人的特定行为或法定情形，推定其已默认或同意他人对作品进行使用的版权许可模式。迥异于合理使用、法定许可等权利限制性制度，默示许可依然是自愿许可，只不过授权他人传播和使用作品的意思表示并非以常见的明示行为作出。虽然肇始于前网络时代的知识产权默示许可制度并非为解决互联网传播技术引发的各类难题而量身定制，但不可否认的是，默示许可制度确实契合了互联网传播技术发展和相关产业的利益诉求。默示许可在互联网环境下的制度优势明显：省却了授权协商谈判的环节，有助于解决网络环境中海量作品的授权使用的难题；"允诺禁反言原则"是默示许可制度的核心，有助于保护作品使用人的合理信赖，维护交易安全；在尊重版权专有性的基础上，能够简化烦琐复杂的许可协商过程，有助于作品的高效利用和快速传播，实现版权产业与互联网产业之间的利益平衡。我国版权立法应当重视在知识经济时代市场自发形成并被广泛认可的新型版权许可模式。鉴于此，有必要反思我国版权立法中默示许可制度的问题与不足，并提出契合互联网发展趋势的默示许可法律构造。

5.4.1 制度反思：默示许可立法的混同化与滞后性

笔者此处所言的立法混同化是指在我国版权立法体例中，法定许可与默示许可两种不同的制度规则被混同于同一法律条文中。如此的立法安排容易导致两种制度规则初衷的落空。

详言之，虽然法定许可与默示许可有一定的相似性，❶ 但二者毕竟是两种不同的制度构造。法定许可本质上是一种权利限制制度，否定版权人对作品的控制权，通过弱化版权的专有性和排他性，从而降低交易成本，促进作品的利用。就版权交易市场角度而言，法定许可意味着作品定价权的转移，即作品的交易价格并非由市场供求关系决定，而是由法律或政府直接设定。法定许可制度本质上是对版权专有性、排他性的制约和弱化。而默示许可通过特定行为或法律规定，推定权利人授权他人对作品进行传播或使用，其本质上依然尊重权利人对作品的控制权，是一种版权自愿许可的特殊形式。此外，法定许可与默示许可的立法宗旨也有所差异：前者侧重于对公共利益的维护，旨在平衡版权人、传播者和社会公众的诉求与利益；后者侧重于对传播和授权效率的考量，旨在满足分散性的作品使用需求和解决海量作品的授权。

不难发现，法定许可与默示许可在本质属性和制度宗旨上存在很大差异，因此，就立法体例而言，二者理应处于并行的法律规则中。而我国版权立法多将二者混合在同一条款。2020年《著作权法》除了为实施义务教育和国家教育规划而编写出版教科书的法定许可条文外，在报刊转载、制作录音制品等法定许可的条文中，融入了"但书"或"除外"条款——作者或著作权人声明不得使用的除外。❷ 此外，《信息网络传播权保护条例》也同样坚持了类似的制度安排。❸ 事实上，按照默示许可的基本理论，立法中的"但书"条款——声明不得使用，赋予版权人以特定方式拒绝他人对作品使用的权利，意味着只要权利人不作出明示的"选择性退出"则推定为权利人对作品使用行为的默许和认可。显然，立法中的"但书"条款

---

❶ 法定许可与默示许可都是为了实现作品有效传播或某种公共利益的有偿许可。

❷ 2010年《著作权法》中的为实施义务教育和国家教育规划而编写出版教材的法定许可条文中，也融入了"但书"，与默示许可混同在同一条文中。2020年《著作权法》对此作了修改。

❸ 《信息网络传播权保护条例》第9条规定："为扶助贫困，通过信息网络向农村地区的公众免费提供中国公民、法人或者其他组织已经发表的种植养殖、防病治病、防灾减灾等与扶助贫困有关的作品和适应基本文化需求的作品，网络服务提供者应当在提供前公告拟提供的作品及其作者、拟支付报酬的标准。自公告之日起30日内，著作权人不同意提供的，网络服务提供者不得提供其作品；……"

第5章 私人自治与法定安排：互联网环境下我国版权许可制度的完善

本质上即为默示许可。因为法定许可并不考量权利人是否同意他人对作品使用的主观意愿，其本质是对版权专有性的限制。然而，我国立法中将"但书"条款融入法定许可规则中，权利人的主观意愿得以尊重。将法定许可与默示许可置于同一法律条文中的立法模式最起码会导致两种弊端：其一，由于"但书"条款的存在使得权利人得以拒绝他人对作品的使用，法定许可权利限制和维护公益的立法目的落空；其二，默示许可被融入法定许可的条文中，导致其缺乏学理逻辑的统一性和规则体系的完整性。与此同时，从未来立法变革的角度来看，现行的混同式的立法设计也将妨碍默示许可制度为契合自媒体时代网络传播技术的发展和互联网产业的利益诉求作进一步创新。

所谓默示许可立法的滞后性，主要指其落后于互联网传播技术的发展，无法涵盖网络空间中的问题和互联网产业的诉求。如前文所述，科学而理性的默示许可制度在互联网环境下的适用能够简化烦琐复杂的许可协商过程，有助于作品的高效利用和快速传播，而这恰恰契合互联网产业的利益诉求。我国版权立法似乎并未将上述制度优势在立法上予以真正体现。以媒体转载为例，现行版权立法将转载与摘编默示许可的适用范围仅限于报纸与期刊，我国《著作权法》第35条第2款规定："作品刊登后，除著作权人声明不得转载、摘编的外，其他报刊可以转载或者作为文摘、资料刊登，但应当按照规定向著作权人支付报酬。"❶ 在互联网时代，除报纸、期刊之外的网络媒体（各类门户网站以及网络用户创制的各类自媒体）迅速发展，但《著作权法》第35条第2款并未将转载、摘编的许可规则扩展到网络媒体。事实上，在网络转载与摘编的许可规则方面，我国版权立法一直摇摆不定、踟蹰反复：2000年出台的《最高人民法院关于审理涉及计算机网络著作权纠纷案件适用法律若干问题的解释》曾一度将转

---

❶ 在我国版权法学界，多数教科书将《著作权法》第35条（2010年《著作权法》第33条）第2款作为法定许可来讲述，此外，也有观点将之称为"准法定许可"。笔者认为，对于《著作权法》第35条规定的报刊之间的转载、摘编的使用规则，立法者的本意是对法定许可的制度设计，但"但书"条文的强行融入，导致这一条文成为法定许可与默示许可的混同体。

载与摘编的许可规则延伸到网络服务商。[1] 2006年最高人民法院对该司法解释的第二次修正决定中又删除了该条，国家版权局于2015年4月公布的《关于规范网络转载版权秩序的通知》再次重申了网络转载不适用2010年《著作权法》第33条第2款（2020年《著作权法》第35条第2款）之规定。[2]

在互联网环境下，不仅网络服务商对作品的转载需要默示许可制度的支持，而且新兴的自媒体（微信、微博、博客等）也同样需要版权默示许可制度的支撑。如果完全拘泥于现行版权法关于作品转载的许可规则，那么，几乎所有的微信转发行为都是版权侵权行为。而默示许可或许能为移动互联时代作品的转载提供一种理论和制度上的正当性。当然，具体到微信、微博等自媒体平台的作品发布行为，是否能够一律认定为作者对作品使用的默示许可仍需深入探讨。然而，可以肯定的是，交易习惯和社会惯例是判断能否构成默示许可的重要参考因素。

5.4.2 法律构造：网络环境中默示许可制度的立法完善

版权法中的默示许可是市场和行业中自发形成的规则与秩序。事实上，默示许可已经在网络空间中悄然盛行，这种由企业自发形成的版权授权模式得到互联网产业和网络用户的认可，并逐渐成为一种各方承认的社

---

[1] 《最高人民法院关于审理涉及计算机网络著作权纠纷案件适用法律若干问题的解释》（法释〔2000〕48号）第3条："已在报刊上刊登或者网络上传播的作品，除著作权人声明或者上载该作品的网络服务提供者受著作权人的委托声明不得转载、摘编的以外，网站予以转载、摘编并按有关规定支付报酬、注明出处的，不构成侵权。但网站转载、摘编作品超过有关报刊转载作品范围的，应当认定为侵权。"2004年上述条文被修改为："已在报刊上刊登或者网络上传播的作品，除著作权人声明或者报社、期刊社、网络服务提供者受著作权人委托声明不得转载、摘编的以外，在网络进行转载、摘编并按有关规定支付报酬、注明出处的，不构成侵权。但转载、摘编作品超过有关报刊转载作品范围的，应当认定为侵权。"

[2] 《关于规范网络转载版权秩序的通知》第2条规定："报刊单位之间相互转载已经刊登的作品，适用《著作权法》第三十三条第二款的规定，即作品刊登后，除著作权人声明不得转载、摘编的外，其他报刊可以转载或者作为文摘、资料刊登，但应当按照规定向著作权人支付报酬。报刊单位与互联网媒体、互联网媒体之间相互转载已经发表的作品，不适用前款规定，应当经过著作权人许可并支付报酬。"

第5章　私人自治与法定安排：互联网环境下我国版权许可制度的完善

会规则。[1] 从法律制度与传播技术的关系角度而言，默示许可无疑更加契合互联网的共享性和开放性，其在尊重版权专有性的同时致力于传播效率的提高。因此，默示许可制度的实施也更能满足网络环境中的利益平衡。笔者认为，发挥默示许可的制度优势应从以下几方面进行变革与创新。

第一，从立法体例上分离法定许可与默示许可，对默示许可进行独立而完整的法律构造。

如前文所述，混同化的立法体例不仅使得法定许可的制度初衷有可能落空，而且也难以使默示许可形成完整的规则体系和统一的学理逻辑。因此版权立法应当进一步从立法体例上分离法定许可和默示许可。值得一提的是，我国《著作权法》第三次修改部分采纳了分离式的体例，删除了2010年《著作权法》中教科书法定许可规则中的"除外"条款，[2] 使法定许可回归其制度初衷。不难发现，法定许可与默示许可分离式立法体例已成立法趋势。

第二，从适用空间上，因应互联网技术发展趋势，扩大互联网环境下默示许可的适用范围。

搜索引擎已然成为网络用户最为常用的网络检索工具。在网络信息呈爆炸式增长的态势下，网络服务商提供的搜索引擎服务能够准确分类和定位网络用户所需要的信息。从技术与版权的关系角度而言，契合互联网传播技术发展的默示许可制度应当是版权立法的应然选择，因为默示许可"已经成为一种被普遍接受的行为模式，在搜索引擎产业发挥着基石性的作用，支撑着搜索引擎产业的发展"[3]。从利益平衡角度来看，默示许可在维护版权的专有性和尊重权利人的版权内容的基础上，顺应了网络传播技

---

[1] 例如，根据《新浪微博服务使用协议》第4.7条之规定用户将享有版权的文字、图片等作品公布在新浪微博的行为，即视为对新浪公司进行了默示许可，同时，其他用户也可以进行转载和传播。

[2]《著作权法》第25条第1款规定："为实施义务教育和国家教育规划而编写出版教科书，可以不经著作权人许可，在教科书中汇编已经发表的作品片段或者短小的文字作品、音乐作品或者单幅的美术作品、摄影作品、图形作品，但应当按照规定向著作权人支付报酬，指明作者姓名或者名称、作品名称，并且不得侵犯著作权人依照本法享有的其他权利。"

[3] 王国柱. 知识产权默示许可制度研究［D］. 长春：吉林大学，2013：149.

术的发展需求和互联网产业主体的利益诉求。因此，我国版权法有必要认可默示许可在搜索引擎服务的适用性，并且建立相应的具体适用规则，即作者（或版权人）可以在网页中声明或标记其作品是否允许搜索引擎进行网页快照或缓存；如果作者（或版权人）未作上述事先声明，则推定其许可搜索引擎对其作品的使用。事实上，从国外司法实践来看，默示许可在网络搜索服务中的适用已被司法实践所普遍接受。美国"Google 案"的判决实际上认定了在符合法定情形下，版权人的行为构成对搜索引擎的默示许可。[1]

默示许可在网络共享空间同样具有很强的适用性。互联网传播技术在进入 Web 2.0 时代之后，网络服务商为用户提供了 BBS、博客等开放和共享的社交网站和交流平台。同时，随着网络技术的深入发展和普及应用，微信等自媒体成为自由言论的重要载体。而微信转发作品行为及公众号的运营必然涉及版权授权和作品利用问题。然而，在我国当前的版权制度框架下，网络媒体未经许可而转载、传播他人作品的行为属于侵权行为。显然，如果固守版权法的既成规则，则将会对各类网络社区和交流平台的运行基础——开放性和共享性造成损害。这也许意味着类似于以转载、传播网络作品为主要运行机制的微博、微信等社交网络平台将会消亡。实际上，如前文所述，网络平台提供者已经在实践中自发形成了默示许可秩序。鉴于此，我国未来的版权立法应当对这种市场运行中自发形成的规则进行确认和规范。笔者认为，判断网络共享空间与自媒体中的作品转载、摘编行为是否构成默示许可，其中最为重要的是对权利人是否具有授权意思的推定，而交易习惯和社会惯例无疑是关键的参考因素。具体到微信转发行为，权利人如果将自己创作的作品在微信平台上发布，那么，根据惯例和用户习惯，完全能够推定其行为构成默示许可。

第三，从规则设计上，明确默示许可的构成要件。

---

[1] 详见：Field v. Google, Inc, 412 F. Supp. 2d 1106（D. Nev. 2006）。案情简述见本书第 4.1.2.2 节。

立法层面上明确默示许可的构成要件有助于司法裁判的相对统一，也有助于权利人、网络服务商及社会公众对相关行为法律效果进行预测和判断。笔者建议，未来版权立法可以考虑将如下四项条件作为默示许可的构成要件：①上传作品，即作者（或版权人）将作品上传至共享性的网络空间，或者将作品上传至未设置技术措施避免被搜索引擎"获取"的网页；②未作否认性表意，即作者（或版权人）没有作出任何关于不得转载或"搜索"的声明或标记；③适用范围仅限于共享性网络空间和搜索引擎服务；④第三人转载作品非以营利为目的。

总之，作为一种行业和市场自发形成的版权许可方式，默示许可在尊重版权私权属性的基础上，顺应了网络传播的现实需求。我国版权制度的创新应当重视这一新兴的授权模式，并从立法体例、适用空间和构成要件等方面予以规范和完善。

5.5 法定许可付酬机制的细化与完善

在我国现行的版权法律框架下，法定许可面临的首要问题是如何确定报酬的数额以及能否切实向权利人支付报酬。事实上，上述问题一直困扰着我国的法定许可制度，付酬机制的缺乏更屡屡被版权人和产业界诟病。在《著作权法》第三次修改过程中，国家版权局也直言不讳，公开承认了这一弊端。❶ 为此，《著作权法》第三次修改中曾将法定许可付酬机制的建立作为修法的重点内容，2014 年《著作权法（修订草案送审稿）》第 50 条规定了法定许可使用作品的前置条件和付酬机制，并且将集体管理组织

---

❶ 国家版权局在 2012 年 3 月公布的《关于〈中华人民共和国著作权法〉（修改草案）的简要说明》中提到："从著作权法定许可制度二十年的实践来看，基本没有使用者履行付酬义务，也很少发生使用者因为未履行付酬义务而承担法律责任，权利人的权利未得到切实保障，法律规定形同虚设。"

引入法定许可的使用登记和付酬机制中，强调了集体管理组织的对作品使用报酬的"转付"义务。❶ 但最终通过修改的 2020 年《著作权法》并未采纳该条内容。

5.5.1　制度评述：法定许可付酬机制的愿景

2014 年《著作权法（修订草案送审稿）》第 50 条所确立的付酬机制是一次全新的立法设计，其适用于教科书编写出版、报刊转载和广播电台电视台播放已发表文字作品等三类法定许可。总体而言，该付酬机制的初衷是从作品使用事前备案、具体适用规则及事后报酬支付等三个阶段保障权利人实现获酬。然而，2020 年《著作权法》却并未采用 2014 年《著作权法（修订草案送审稿）》中极具创造性的法定许可付酬机制。事实上，2020 年《著作权法》也并未对这一长久未决的问题作出有效的正面回应。下文着眼于 2014 年《著作权法（修订草案送审稿）》中付酬机制，并以此为分析对象，阐述该机制的进步与不足。

毋庸置疑，相较于 2010 年《著作权法》，2014 年《著作权法（修订草案送审稿）》针对法定许可付酬机制的立法设计有明显进步。

首先，规定了"首次使用备案"的要求。迥异于民法中的有形财产，版权客体——作品的首要特征是无形性。因此，使用人对作品的使用并不像对有形物的使用——以占有为前提。这也就造成了作品使用的分散性和隐蔽性，权利人常常无法准确把握自己创作的作品被使用的具体情况。鉴

---

❶ 2014 年《著作权法（修订草案送审稿）》第 50 条规定："根据本法第四十七条、第四十八条和第四十九条的规定，不经著作权人许可使用其已发表的作品，必须符合下列条件：（一）在首次使用前向相应的著作权集体管理组织申请备案；（二）在使用作品时指明作者姓名或者名称、作品名称和作品出处，但由于技术原因无法指明的除外；（三）在使用作品后一个月内按照国务院著作权行政管理部门制定的付酬标准直接向权利人或者通过著作权集体管理组织向权利人支付使用费，同时提供使用作品的作品名称、作者姓名或者名称和作品出处等相关信息。前述付酬标准适用于自本法施行之日起的使用行为。著作权集体管理组织应当及时公告前款规定的备案信息，并建立作品使用情况查询系统供权利人免费查询作品使用情况和使用费支付情况。著作权集体管理组织应当在合理时间内及时向权利人转付本条第一款所述的使用费。"

第 5 章　私人自治与法定安排：互联网环境下我国版权许可制度的完善

于此，该机制为避免权利人事后获酬的困境，要求使用人在"在首次使用前向相应的著作权集体管理组织申请备案"❶。同时，为保障备案制度的实施，对违反首次使用备案规定的行为，立法设计了责令"停止侵权行为、警告、罚款"❷ 等行政责任。从理论上讲，"首次使用备案"的优势在于能够使权利人及时掌握作品使用情况，是权利人事后报酬请求权得以实现的基础。以报刊转载为例，在现行版权法框架下，报刊转载无须通知权利人，处于被动地位的权利人无法了解自己作品的使用情况，更遑论实现获酬了。

其次，明确了向权利人支付报酬的法定期限。付酬机制的实现需要立法上明确合理的期限作为保障。否则，所谓的付酬难以真正实现。该机制明确了应"在使用作品后一个月内"❸ 按照相关规定向权利人支付报酬。事实上，在 2014 年《著作权法（修订草案送审稿）》出台之前，在《著作权法实施条例》和相关部门规章中规定了部分法定许可的支付报酬的期限。❹ 然而，上述规定或层级过低或付酬期限过长，最重要的是缺乏逾期履行的责任机制。2014 年《著作权法（修订草案送审稿）》拟通过法律的形式确定付酬法律期限，立法上的进步较为明显。

最后，明确集体管理组织在付酬机制中的地位和作用。基于公共利益或作品传播的需要，法定许可制度以政府定价的方式代替了权利人与使用人之间的议价过程。但法定许可制度框架下的版权交易依然遵循等价有偿的基本市场规则。因此，由集体管理组织负责使用前的备案和使用后的使用费转收符合版权交易的基本原则和理念。上述机制明确了"集体管理组织应当及时公告前款规定的备案信息，……在合理时间内及时向权利人转

---

❶ 2014 年《著作权法（修订草案送审稿）》第 50 条第 1 项。
❷ 2014 年《著作权法（修订草案送审稿）》第 77 条第 6 项。
❸ 2014 年《著作权法（修订草案送审稿）》第 50 条第 3 项。
❹ 《著作权法实施条例》第 32 条规定，法定许可支付报酬的期限为"自使用该作品之日起 2 个月内"。《教科书法定许可使用作品支付报酬办法》第 6 条第 2 款规定："报酬自教科书出版之日起 2 个月内向著作权人支付。"

173

付使用费"❶。

然而，细究 2014 年《著作权法（修订草案送审稿）》第 50 条，其部分内容的操作性和合理性依然有待商榷。

第一，备案制度的设计初衷在于保存和固定作品使用的证据，以此作为使用费支付和收取的依据。但备案制度的设计与作品使用的时效性在一定程度上会产生冲突，以报刊转载为例，时效性是报刊转载的行业特点和要求，转载之前申请备案的转载前置程序将影响传播效率。这也就不难理解来自实务部门对备案制度的诟病："确立法定许可制度，一个重要理由是促进作品的快速传播。现在提高门槛、设置障碍，要求使用者先行申请备案，有违当初确立法定许可制度的初衷。"❷ 第二，该条要求使用人支付使用费的同时提供被使用作品的相关信息。❸ 这一规定明显不合理，是法定责任安排的错位。集体管理组织负责对权利人的作品进行集体管理与集中许可，有义务采取相应措施"监控"作品及其使用情况。而该条却要求使用人提供使用作品的信息，将本属于集体管理组织的义务转嫁给使用人，有失公允。此外，由使用人提供作品信息会在实践中形同虚设。使用人提供作品信息之后，该信息的全面性、客观性和真实性依然需要由集体管理进行审核。❹ 第三，付酬标准协商机制的缺失。该条规定，使用人按照"国务院著作权行政管理部门制定的付酬标准"❺ 支付使用费。这一规则至少存在如下值得商榷的问题，即付酬标准的确定缺乏协商机制，权利人与使用人参与的缺失可能造成付酬标准无法客观反映作品的市场价值。

---

❶ 2014 年《著作权法（修订草案送审稿）》第 50 条。
❷ 赵建伟. 备案难解获酬之困 [EB/OL]. [2021-05-28]. http://www.cssn.cn/bk/bkpd_qkyw/bkpd_rdwz/201406/t20140616_1211999.shtml.
❸ 按照 2014 年《著作权法（修订草案送审稿）》第 50 条之规定，"相关信息"包括作品名称、作者姓名或者名称和作品出处等。
❹ 刘东升，李德利. 反思与重构：法定许可制度下的付酬机制：兼评《著作权法（修订草案送审稿）》第五十条 [J]. 中国广播电视学刊, 2015 (4)：8-11.
❺ 2014 年《著作权法（修订草案送审稿）》第 50 条第 3 项。

5.5.2　完善建议：法定许可付酬机制完善的具体路径

付酬机制的健全与完善是法定许可制度得以被社会各界遵守的基础和前提。我国现行版权制度中付酬机制的缺失不但使法定许可制度难以依据新技术与经济形态适时创新，也屡屡被版权人和产业界诟病。制作录音制品的法定许可中付酬机制的缺乏问题尤为突出，这直接导致了音乐制作人对2012《著作权法（修改草案）》第46条❶规定的全面不满和抵制。❷ 笔者认为，付酬机制的完善与落实是一个牵涉版权保护意识、制度安排与责任分配的系统性工作，本书无意于在有限的篇幅中提出体系化的建议。但是，报酬标准的确定和集体管理组织责任的强化是完善付酬机制的关键和重点。因此，笔者在下文着重阐述以上两个关键点。

第一，紧扣文化市场价格变动，及时调整报酬标准。法定许可本质上依然是一种版权交易，只不过为了公共利益和作品传播之需要，立法作出了一种非自愿许可的制度安排。因此，使用人适用法定许可使用作品不但有义务支付报酬，而且应当支付与作品市场价值大致相当的报酬。换言之，作品使用费应当与以类似使用方式使用同类作品的市场价格相匹配，并随市场价格波动而适时变化。唯其如此，才能既满足权利人获得合理报酬的正当权益，又兼顾使用作品的合理成本。从定价主体上来看，报酬标准应当由独立于权利人与使用人的第三方机构来确定。也正是基于相对公允和专业性的考量，2014年《著作权法（修订草案送审稿）》将法定许可的作品定价权赋予了著作权行政管理部门。❸ 这样的立法设计在我国现阶段具有操作性和适用性。然而，接下来的问题是，著作权行政管理部门如何能够保障作品使用费的确定符合如前文所述的市场化要求？笔者认为，

---

❶ 2012年《著作权法（修改草案）》第46条规定："录音制品首次出版3个月后，其他录音制作者可以依照本法第四十八条规定的条件，不经著作权人许可，使用其音乐作品制作录音制品。"

❷ 详见：著作权法草案引发音乐人不满　联合发表修改意见［EB/OL］.（2012 - 04 - 13）［2021 - 05 - 21］. http：//ent.sina.com.cn/c/2012 - 04 - 13/09473604126.shtml.

❸ 2014年《著作权法（修订草案送审稿）》第50条第3项。

建立在权利人与使用人知情权基础上的使用费确定协商机制或可以解决上述难题。申言之，应当让权利人与使用人参与到法定许可作品使用费的确定过程中。行政部门可以选取各类法定许可中有代表性的产业主体，并邀请相关领域的专家，在自愿平等的基础上，双方经过充分磋商议定法定许可作品使用费的具体数额。以广播电台、电视台播放作品的法定许可为例，播放频率较高作品的权利人与收视率/收听率较高的电台、电视台可以作为双方的代表，进行作品使用费的协商谈判。如此一来，既可以保障权利人与使用人的知情权，又能够保障作品使用价格是市场供给与需求的客观反映。当然，既然是博弈性的谈判，使用费的最终数额有可能无法通过协商确定，那么，最终可以由著作权行政管理部门作出使用费的终局性行政裁决。

第二，强化集体管理组织的义务与责任，保障对作品使用情况的及时掌握与监督。如前文所述，2014年《著作权法（修订草案送审稿）》第50条要求使用人支付使用费的同时提供被使用作品的相关信息。❶如此立法设计实际上是将集体管理组织的责任转嫁给使用人，是法定责任安排的错位。鉴于此，建议我国未来的版权立法删除使用人提供作品详细信息的规定，强化集体管理组织对作品使用情况的监督义务。事实上，上述建议完全符合版权交易的基本市场规则，使用人根据法定许可使用作品，且承担付酬义务，但使用人没有必要也无义务全面掌握作品的详细信息。这就类似于民法中有形物使用权的交易，使用人只管对有形物的临时性使用和按约支付报酬，至于基于有形物的详细信息，从民法原理上而言，使用人没有义务全面知晓。回到版权法中的法定许可，监督作品使用和掌握作品信息的义务应当由代表权利人的集体管理组织承担，而非作品使用人。

总之，值得肯定并让权利人欣喜的是，法定许可付酬机制在《著作权法》修改过程中得到立法者的重视，并试图作出相应的制度安排。但这一

---

❶ 按照2014年《著作权法（修订草案送审稿）》第50条之规定，"相关信息"包括作者姓名或者名称、作品名称和作品出处等。

制度安排仍有提升空间和商榷之处。坚守规则设计的市场化改革方向，促成权利人和使用人的积极参与，是付酬机制得以完善的重要保障。而报酬标准的合理确定和集体管理组织责任的强化则是付酬机制得以被各方信服和遵守的关键所在。

结　语

从世界上第一部版权法的诞生,到为适应数字技术而缔结 WCT、WPPT 等各类版权条约,版权法的历史演进过程证明了一个显著命题,即版权法的变革与创新始终是围绕着技术的发展与利益的博弈而展开的。易言之,版权法的每一次重大发展都是对传播技术的发展和商业模式的变迁而作出的制度因应。因此,版权许可制度只有顺应传播技术的发展,并协调各方利益分歧,才能最终实现其价值目标。

版权许可是指作者或其他权利人基于自身意愿或法定事由,将自己享有的版权在一定期限内交由他人行使,并由此获得相应报酬的一种版权交易形式。版权许可制度内容丰富,涵盖授权许可、集体管理组织许可等自愿许可模式,也包括法定许可、强制许可等非自愿许可。一方面,版权许可具有保障权利人创作回报和促进作品有效利用的制度价值;另一方面,版权许可制度中的法定许可等非自愿许可也承担着限制版权人权利、降低作品交易成本等社会功能。就版权许可的标的而言,版权中的财产权利无疑是版权许可的主要内容。然而,理论界也存在版权精神权利能否被许可的争议。事实上,精神权利能否被许可的争议的本质在于人格权利不能被让渡的坚守与版权自由贸易主义的分歧。署名权彰显作者身份,是版权精神权利的核心,其不仅是对作者人格利益的保护,更牵涉到对社会基本诚信的维护和对消费者的尊重,故版权法自然不能允许署名权的许可使用。而修改权和保护作品完整权的立法功能在于维护作者的社会声誉和评价,那么,如果从维护公众表达自由角度而言,立法允许修改权和保护作品完整权的让渡与许可并非不可行。

在互联网环境下，版权许可面临两大关键问题。其一，Web 2.0 技术使得用户创造内容成为常态。如此一来，作品的数量急剧增加，而版权主体呈现分散化态势，"先授权后使用"的传统"一对一"许可模式自然无法适应海量作品引发的大量许可需求。其二，伴随着数字网络技术的发展，版权产业与互联网产业在制度需求上出现了分歧：前者追求作品许可中的收益最大化，而后者则追求作品的传播速度与传播范围。事实上，商业运作模式和盈利方式的不同导致了版权产业与互联网产业的上述分歧。笔者认为，既有的版权许可模式在解决上述问题方面能表现出各自的制度优势，也存在不容回避的各种局限性。从发达国家版权集体管理制度的历史演进过程来看，通过集体管理组织进行的版权许可确实能够在保障私权自治的法理基础上，发挥集中管理、集中许可的制度优势，提高版权许可效率。但我国的版权集体管理组织起步较晚，且并非像欧美国家一样是作者意识觉醒之后自发形成和创制的市场组织，而是由政府主导的法定安排。如此一来，我国集体管理组织不但无法发挥制度的后发优势，而且其官方主导色彩和法定垄断性也致使版权交易市场机制缺失和治理模式失效，从而引发了版权人和作品使用人对集体管理组织的质疑和不满。法定许可制度的设计初衷是对版权人进行权利限制，从而有利于满足公益性使用需求和促进相关行业（特别是音乐唱片业）的有效竞争。然而，我国法定许可付酬机制的缺失遭到了版权产业的诟病，进而导致了权利人丧失了对整个法定许可制度的信任。事实上，我国相关部门也毫不避讳，公开承认付酬机制名存实亡。不同于集体管理组织许可和法定许可直接由立法安排，开放许可是版权人自发创制的版权许可模式。版权人通过部分权利保留，实现文化产品的共享性和传播性。开放许可无疑顺应了互联网传播技术的发展趋势。然而，开放许可在版权法框架内的缺位，造成了开放许可的制度与政策激励不足。

应当把握版权许可制度改革的应然方向，顺应互联网传播技术和制度构建市场化的发展潮流，重视市场与行业的自生规则，实现许可收益与传播效率的平衡。版权集体管理制度的变革应当以回归市场机制为导向，允许网络服务商参与版权集体管理、集中许可，打破版权人与集体管理组织之间专属许可协议的约束；在集体管理组织的设立规则上，以准则主义替代行政许可主义；利用公共政策引导和推动开放许可的实施，并从立法上将开放许可纳入版权法框架，以实现有效的制度和政策激励；从立法体例上分离法定许可与默示许可，明确默示许可在搜索引擎和共享性网络空间中的适用性，对默示许可进行独立而完整的法律构造。

参考文献

一、中文著作（含译著）

[1] 艾因霍恩. 媒体、技术和版权：经济与法律的融合[M]. 赵启杉，译. 北京：北京大学出版社，2012.

[2] 波斯纳. 法律的经济分析：第七版[M]. 蒋兆康，译. 北京：法律出版社，2012.

[3] 博登海默. 法理学：法律哲学与法律方法[M]. 邓正来，译. 北京：中国政法大学出版社，2004.

[4] 崔国斌. 著作权法：原理与案例[M]. 2版. 北京：北京大学出版社，2014.

[5] 德霍斯. 知识财产法哲学[M]. 周林，译. 北京：商务印书馆，2008.

[6] 德雷特勒. 知识产权许可：上；知识产权许可：下[M]. 王春燕，等译. 北京：清华大学出版社，2003.

[7] 董美根. 知识产权许可研究[M]. 北京：法律出版社，2013.

[8] 费舍尔. 说话算数：技术、法律以及娱乐的未来[M]. 李旭，译. 上海：上海三联书店，2013.

[9] 冯晓青. 知识产权法利益平衡理论[M]. 北京：中国政法大学出版社，2006.

[10] 戈斯汀. 著作权之道：从古登堡到数字点播机[M]. 金海军，译. 北京：北京大学出版社，2008.

[11] 郭威. 版权默示许可制度研究[M]. 北京：中国法制出版社，2014.

[12] 黑格尔. 法哲学原理[M]. 范扬，张企泰，译. 北京：商务印书馆，1961.

[13] 杰斐逊. 杰斐逊选集 [M]. 朱曾汶, 译. 北京: 商务印书馆, 2011.

[14] 考特, 尤伦. 法和经济学: 第六版 [M]. 史晋川, 董雪兵, 等译. 上海: 格致出版社, 2012.

[15] 来小鹏. 版权交易制度研究 [M]. 北京: 中国政法大学出版社, 2009.

[16] 兰德斯, 波斯纳. 知识产权法的经济结构 [M]. 金海军, 译. 北京: 北京大学出版社, 2005.

[17] 雷炳德. 著作权法 [M]. 张恩民, 译. 北京: 法律出版社, 2005.

[18] 李明德, 许超. 著作权法 [M]. 北京: 法律出版社, 2009.

[19] 李明德, 闫文军, 黄晖, 等. 欧盟知识产权法 [M]. 北京: 法律出版社, 2010.

[20] 李明德. 美国知识产权法 [M]. 2版. 北京: 法律出版社, 2014.

[21] 刘洁. 我国著作权集体管理制度研究 [M]. 北京: 中国政法大学出版社, 2014.

[22] 罗向京. 著作权集体管理组织的发展与变异 [M]. 北京: 知识产权出版社, 2011.

[23] 洛克. 政府论 [M]. 叶启芳, 瞿菊农, 译. 北京: 商务印书馆, 1964.

[24] 齐爱民. 著作权法体系化判解研究 [M]. 武汉: 武汉大学出版社, 2008.

[25] 萨缪尔森, 诺德豪斯. 经济学: 第十七版 [M]. 萧琛, 主译. 北京: 人民邮电出版社, 2004.

[26] 世界知识产权组织. 版权产业的经济贡献调研指南 [M]. 北京: 法律出版社, 2006.

[27] 万勇. 向公众传播权 [M]. 北京: 法律出版社, 2014.

[28] 王景川, 胡开忠. 知识产权现代化问题研究 [M]. 北京: 北京大学出版社, 2010.

[29] 王迁. 网络环境中的著作权保护研究 [M]. 北京: 法律出版社, 2011.

[30] 吴汉东. 知识产权法 [M]. 北京: 法律出版社, 2011.

[31] 吴汉东. 知识产权基本问题研究 [M]. 2版. 北京: 中国人民大学出版社, 2009.

[32] 吴伟光. 著作权法研究: 国际条约、中国立法与司法实践 [M]. 北京: 清华大学出版社, 2013.

[33] 谢尔曼, 本特利. 现代知识产权法的演进: 英国的历程 (1760 – 1911) [M]. 金海军, 译. 北京: 北京大学出版社, 2006.

［34］熊琦. 数字音乐之道：网络时代音乐著作权许可模式研究［M］. 北京：北京大学出版社，2015.

［35］熊琦. 著作权激励机制的法律构造［M］. 北京：中国人民大学出版社，2011.

［36］薛虹. 十字路口的国际知识产权法［M］. 北京：法律出版社，2012.

［37］杨红军. 版权许可制度论［M］. 北京：知识产权出版社，2013.

［38］张曼. 著作权法定许可制度研究［M］. 厦门：厦门大学出版社，2013.

［39］张平，马骁. 共享智慧：开源软件知识产权问题解析［M］. 北京：北京大学出版社，2005.

［40］张晓群. 传播效率与经济增长［M］. 北京：社会科学文献出版社，2009.

［41］郑成思. 版权法［M］. 北京：中国人民大学出版社，2009.

［42］郑成思. 知识产权：应用法学与基本理论［M］. 北京：人民出版社，2005.

［43］朱理. 著作权的边界：信息社著作权的限制与例外研究［M］. 北京：北京大学出版社，2011.

二、中文学术论文

［1］北川善太郎. 网上信息、著作权与契约［J］. 渠涛，译. 外国法译评，1998（3）：40－49.

［2］蔡飞鸣. 开放存取对我国科技期刊发展的启示［J］. 中国科技期刊研究，2007（5）：741－745.

［3］陈晋，阮延生. 知识共享许可协议在中国本土化的实践及思考［J］. 四川图书馆学报，2013（6）：16－19.

［4］陈绍玲. 论著作权法中的公开传播权［J］. 华东政法大学学报，2015（2）：41－47.

［5］崔国斌. 著作权集体管理组织的反垄断控制［J］. 清华法学，2005（1）：110－138.

［6］崔丽芬. 社会因素对于学术期刊出版模式的影响［J］. 图书情报工作，2012（2）：40－54.

［7］冯晓青，胡梦云. 技术变革与著作权法之间的关系：以法律史为基础的理论思考［J］. 武陵学刊，2011（4）：79－88.

[8] 高兰英. 国际视野下的著作权强制许可制度探析 [J]. 知识产权, 2012 (3): 86-91.

[9] 管育鹰. 我国著作权法定许可制度的反思与重构 [J]. 华东政法大学学报, 2015 (2): 18-29.

[10] 何炼红. 著作人身权转让之合理性研究 [J]. 法商研究, 2001, 18 (3): 47-54.

[11] 黄丽萍. 论著作权强制许可的适用范围和条件 [J]. 华南师范大学学报 (社会科学版), 2010 (2): 155-157.

[12] 蒋岩波. 互联网产业中相关市场界定的司法困境与出路: 基于双边市场条件 [J]. 法学家, 2012 (6): 58-74.

[13] 李捷. 论网络环境下的著作权默示许可制度 [J]. 知识产权, 2015 (5): 67-71.

[14] 李杨. 互联网环境下的版权理论续造与治理构想 [J]. 大连理工大学学报 (社会科学版), 2014, 35 (3): 96-101.

[15] 李永明, 钱炬雷. 我国网络环境下著作权许可模式研究 [J]. 浙江大学学报 (人文社会科学版), 2008 (6): 93-102.

[16] 梁志文. 著作权延伸性集体许可制度的移植与创制 [J]. 法学, 2012 (8): 122-131.

[17] 梁志文. 作品不是禁忌: 评《一个馒头引发的血案》引发的著作权纠纷 [J]. 比较法研究, 2007 (1): 118-125.

[18] 卢海君, 洪毓吟. 著作权延伸性集体管理制度的质疑 [J]. 知识产权, 2013 (2): 49-53.

[19] 罗莉. 谐仿的著作权法边界: 从《一个馒头引发的血案》说起 [J]. 法学, 2006 (3): 60-66.

[20] 吕炳斌. 试论我国《著作权法》中传播权的类型化整合 [J]. 中国出版, 2013 (21): 17-20.

[21] 吕炳斌. 网络时代的版权默示许可制度: 两起 Google 案的分析 [J]. 电子知识产权, 2009 (7): 73-76.

[22] 美国国会众议院. 《2006 年孤儿作品法案》议案及《2008 年孤儿作品法案》议案 [J]. 韩莹莹, 译. 环球法律评论, 2009 (1): 151-160.

[23] 石宏. 著作权法第三次修改的重要内容及价值考量 [J]. 知识产权, 2021 (2): 3-17.

[24] 谭启平,蒋拯.论著作人身权的可转让性[J].现代法学,2002,24(2):74-80.

[25] 王栋.基于网络搜索服务的默示许可制度研究[J].常熟理工学院学报,2010(1):62-66.

[26] 王迁.《著作权法》修改:关键条款的解读与分析:上[J].知识产权,2021(1):22-37.

[27] 吴晓萍,周显志.创作共用:一种新的鼓励自由创作的版权许可制度[J].知识产权,2006(3):69-72.

[28] 熊琦.Web 2.0时代的著作权法:问题、争议与应对[J].政法论坛,2014(4):84-95.

[29] 熊琦.大规模数字化与著作权集体管理制度创新[J].法商研究,2014(2):100-107.

[30] 熊琦.互联网产业驱动下的著作权规则变革[J].中国法学,2013(6):79-90.

[31] 熊琦.数字音乐付费制度的未来模式探索[J].知识产权,2013(7):41-46.

[32] 熊琦.著作权法定许可的误读与解读:兼评《著作权法》第三次修改草案第46条[J].电子知识产权,2012(4):25-28.

[33] 熊琦.著作权法定许可的正当性解构与制度替代[J].知识产权,2011(6):38-42.

[34] 熊琦.著作权公共许可的功能转型与立法应对[J].交大法学,2015(1):52-64.

[35] 熊琦.著作权集中许可机制的正当性与立法完善[J].法学,2011(8):101-110.

[36] 熊琦.著作权延伸性集体管理制度何为[J].知识产权,2015(6):18-24.

[37] 薛虹.谷歌图书项目:知识产权全球性治理初现[J].中国版权,2011(1):13-17.

[38] 易继明.评财产权劳动学说[J].法学研究,2000,22(3):95-107.

[39] 袁志刚.论知识的生产和消费[J].经济研究,1999(6):59-65.

[40] 张今.版权法上"技术中立"的反思与评析[J].知识产权,2008(1):72-76.

[41] 张曼.论著作权法定许可的正当性基础[J].知识产权,2013(1):48-53.

[42] 张曼.著作权强制许可制度的国际法探究及当代启示[J].西北大学学报(哲

学社会科学版），2013（2）：80 – 84．

［43］张平．网络环境下著作权许可模式的变革［J］．华东政法大学学报，2007（4）：122 – 127．

［44］赵锐．论孤儿作品的版权利用：兼论《著作权法》（修改草案）第25条［J］．知识产权，2012（6）：58 – 62．

［45］赵锐．作品独创性标准的反思与认知［J］．知识产权，2011（9）：55 – 58．

［46］中国版权产业经济贡献调研课题组．2011年中国版权产业的经济贡献［J］．出版发行研究，2014（7）：14 – 18．

［47］卓泽渊．法的价值的诠释［J］．苏州大学学报（哲学社会科学版），2005（5）：13 – 16．

［48］黄惠敏．数字时代著作权授权契约与著作权限制冲突［D］．台北：台湾大学法律研究所，2004．

［49］彭艳．开放版权许可协议研究［D］．湘潭：湘潭大学，2012．

［50］王国柱．知识产权默示许可制度研究［D］．长春：吉林大学，2013．

［51］王华．我国著作权集体管理制度的困境与出路：以利益平衡为视角［D］．武汉：武汉大学，2013．

［52］张足天．我国网络公司盈利模式研究［D］．上海：上海师范大学，2011．

三、英文文献

［1］ABRAMST H B. Copyright's First Compulsory License［J］. Santa Clara Computer & High Technology Law Journal，2010，26（2）：215 – 253．

［2］AFORI O. Implied License：An Emerging New Standard in Copyright Law［J］. Santa Clara Computer & High Technology Law Journal，2008，25（2）：275 – 326．

［3］AMANI B. Access Copyright and the Proposed Model Copyright Licence Agreement：A Shakespearean Tragedy［J］. Intellectual Property Journal，2012，24（3）：221 – 246．

［4］ARMSTRONGT K. Shrinking The Commons：Termination of Copyright Licenses and Transfers for the Benefit of the Public［J］. Harvard Journal on Legislation，2010，47：359 – 423．

参考文献

[5] CHANDLER T W. The Doctrine of Equivalents and the Scope of Patents [J]. Harvard Journal of Law & Technology, 2000, 13 (3): 465-520.

[6] CORNISH W, LLEWELYN D, ALPIN T. Intellectual Property: Patents, Copyright, Trade Marks and Allied Rights [M]. 6th ed. London: Sweet & Maxwell, 2010.

[7] GUIBAULT L M C R. Copyright Limitations and Contracts: An Analysis of the Contractual Overridability of Limitations on Copyright [M]. London: Kluwer Law International, 2002.

[8] HEATHS A. Contracts, Copyright, and Confusion Revisiting the Enforceability of "Shrink-wrap" License [J]. Chicago-Kent Journal of Intellectual Property, 2005, 5 (1): 12-27.

[9] MERGESR P, MENELL P S, LEMLEY M A. Intellectual Property in the New Technological Age [M]. 4th ed. New York: Aspen Publisher, 2006.

[10] MERGES R P. The End of Friction? Property Rights and Contract in the "Newtonian" World of On-line Commerce [J]. Berkeley Technology Law Journal, 1997, 12 (1): 115-136.

[11] NEWMAN C M. "What Exactly Are You Implying?": The Elusive Nature of the Implied Copyright License [J]. Cardozo Arts & Entertainment Law Journal, 2014, 32: 501-559.

[12] NEWMANC M. A License Is Not a "Contract Not to Sue": Disentangling Property and Contract in the Law of Copyright Licenses [J]. Iowa Law Review, 2013, 98 (2): 1101-1162.

[13] PACE H J. Anti-Assignment Provisions, Copyright Licenses, and Intra-Group Mergers: The Effect of Cincom v. Novelis [J]. Northwestern Journal of Technology & Intellectual Property, 2010, 9 (3): 263-279.

[14] POMERANTZ A L. Obtaining Copyright Licenses by Prescriptive Easement: A Solution to the Orphan Works Problem [J]. Jurimetrics Journal, 2010, 50 (2): 195-227.

[15] SAUNDERS D. Authorship and Copyright [M]. London: Routledge, 1992.

[16] US Copyright Office. Section 115 Reform Act (SIRA) of 2006, Committee on the Judiciary United State House of Representatives 109th 2nd Session, 2006.